成功者が実践する投資法
WINNER'S METHOD SERIES

FXメタトレーダーで儲ける しろふくろうの スーパー投資術

● **まえがき**

自転車をこぐように
自然な気持ちで
トレードを楽しみながら
セミリタイアの夢をFXで叶えよう!

　「FX」というのは数年前までは聞きなれない言葉でしたが、いまではテレビや雑誌などでも広く取り上げられるほど、個人投資家に人気の投資手段となりました。
　FXは外為法改正によって生まれた金融商品で、これにより、それまで外貨預金や外貨MMF、外国債券以外では取引できなかった「通貨の取引」を、個人でも手軽に行なうことが可能になりました。そして、時を同じくしてインターネットが広く普及したことにより、わずか10年弱で190万口座の市場規模にまで急速に拡大したのです。

　FXの魅力は、通貨という普遍的で流動性も十分に確保されている投資対象を、誰もが平等に、低コストで、臨機応変にトレードできるということでしょう。株式投資などに比べて、必要な資金額は少なくて済み、パソコンとインターネットができる環境があれば、いつでもどこでも、トレードで儲けることができる可能性があるのです。

　日本では、高金利の外貨を買って金利と為替差益の両方で儲けるというトレードスタイルが一時期大成功したことにより、FXの人気に火がつきました。しかし、サブプライムロ

ーン・ショックに伴う円高、為替レートのボラティリティの高まりで、現状ではそうしたトレードで勝つことはむずかしくなっています。

　よく「どのようなトレードスタイルがおすすめですか？」と聞かれることがあります。
　そんなときは、決まってこう答えます。
　「トレードスタイルは、その人それぞれのライフスタイル（使える時間）や資金量によって違うので、誰でも同じトレードをして成功するということはありえません」と。
　FX投資で勝っている個人投資家が100人いるとすれば、100通りのトレードスタイルがあって当然だと思うのです。超短期、短期、中期、長期と、トレードのタイムスパンも異なれば、相場を判断する手法も異なるでしょう。

　しかし、どういう儲け方にせよ、共通するのは「勝ちパターン」をもっているということです。1回や2回ならば、たまたま勝つこともできるでしょう。しかし、ある程度長くトレードをして、きちんと収益を残していくためには、自分の勝ちパターン＝トレードスタイルを身に付けていることが不可欠です。
　個人投資家・しろふくろうの得意技は、いくつかのテクニカル分析に基づいた短期トレードです。本文でお話するように、当初はなかなか勝てない普通の投資家だったしろふくろうも、自分なりに研究を重ね、いちばんシンプルで無理なく続けていけるトレードスタイルとして、現在のやり方にたどり着きました。

　そして、そのトレードスタイルを続けていくために欠かせ

ない、とても使い勝手のよいツールとして出会ったのが「メタトレーダー」でした。メタトレーダーという名を初めて耳にした人もいるかと思いますが、一言でいえば高機能なチャートソフトです。かつては何十万円もする高価なチャートソフトでしかできなかったようなテクニカル分析を、メタトレーダーであれば、誰でも（特定の取引会社に口座を開設していなくても）、無料で、自由にダウンロードして活用することができるのです。

　メタトレーダーは高機能なチャートソフトであると同時に、それを取引ツールとして採用している取引会社に口座をもっていれば、注文や口座管理まで行なうことができるトレーディングプラットフォームでもありますが、本書では注文等の機能については触れていませんし、特定の取引会社をおすすめするようなこともしていません。

　また、本書はメタトレーダーの入門書であって、FX自体の入門書ではありませんので、FXって何？　というような部分については、別にもっとよい入門書があると思います。

　本書は、「無料で誰でも自由に使える高機能なチャートソフトとしてのメタトレーダー」についてやさしく解説した入門書であると同時に、それを大活用した「個人投資家・しろふくろう独自のトレードノウハウについて解説した実践の書」という位置づけです。

　PART 1 ～ PART 3では、初めてメタトレーダーを使う方を対象に、できるだけ丁寧にメタトレーダーの使い方を説明しています。パソコンとインターネットを普通に利用している人であれば、本書を読みながらすぐにでもメタトレーダーを使い始めることができるでしょう。

そしてPART 4とPART 5ではメタトレーダーの一歩進んだ使いこなし方として、インディケーターを活用してテクニカル分析を行なう方法や、インディケーターをダウンロードしたりカスタマイズしたりする方法について解説しました。そしてPART 6〜PART 9では、メタトレーダーを大活用した個人投資家・しろふくろう自身のトレードノウハウについて、誰もが再現できるように具体的に解説しています。

　しろふくろうは長年、某外資系企業に勤めていました。一念発起して独立し、現在は小さな会社を経営するとともに、ビジネスとしてFXトレードに取り組んでいます。その経験からすると、マイペースでFXトレードを行ない、毎月のおこづかいの足しにしたり、あるいはもう少し頑張ってそれで生計を立てたりすることは、十分に可能だと思います。もっと若い人なら、時間をかけて、FXで億万長者になることも決して夢ではないでしょう。

　しかし、適当な気持ちで、行き当たりばったりでやっていたのではまず無理です。スポーツを始めてすぐにプロになってお金を稼ぐことがむずかしいように、トレードもすぐに一流選手になることはむずかしいのです。
　ただ、毎日丁寧にチャートを見続けて、しっかりとしたトレードルールをつくることができれば、必ず日々上達していくことはできます。
　初めて自転車に乗れたときの感覚を覚えていますか？
　ある日突然、ごく自然に乗れるようになったことだと思います。しろふくろうもメタトレーダーに出会い、あるテクニカル分析と出会ったことをきっかけにして、為替相場と自然に接することができるようになりました。

みなさんも、ぜひ本書を通じて、メタトレーダーの扉を開いてみてください。そして、まるで自転車に乗るようにトレードできるような境地を目指してください。

　読者のみなさんが、マイペースでトレードライフを楽しみながら、将来に向けて経済的にもプラスアルファを得られる一助となるならば、これに勝る喜びはありません。

　なお、最後になりましたが、しろふくろうのささやかなブログに注目し、メタトレーダーの可能性に共感するとともに、出版の機会に結びつけてくれた、友人で金融ジャーナリストの鈴木雅光さんに、この場を借りて感謝を申し上げます。

　2009年7月

しろふくろう

● まえがき
自転車をこぐように自然な気持ちで
トレードを楽しみながら
セミリタイアの夢をFXで叶えよう!

PART 1 〈プロローグ〉
メタトレーダーは FXで勝つための 「最良の道具」だ

- Lesson 1　相場の雰囲気に流されて大失敗を経験 …………… 12
- Lesson 2　勝ち組を目指してトレードスタイルを模索 ………… 17
- Lesson 3　「マルチタイムフレーム」からメタトレーダーに行き着く ……… 19
- Lesson 4　メタトレーダーはここが素晴らしい ………………… 22

PART 2 〈入門編〉
早速メタトレーダーを 使ってみよう!

- Lesson 1　パソコンへのインストールが必要なソフト …………… 28
- Lesson 2　メタトレーダーはどこでダウンロードできるの? ……… 31
- Lesson 3　ODL JAPANのサイトからダウンロードする方法 ……… 34

PART 3 〈入門編〉
チャートの基本操作を覚えよう

- **Lesson 1** メタトレーダーならチャートが自由自在 ········· 44
- **Lesson 2** チャートの基本操作（その1）················ 46
- **Lesson 3** チャートの基本操作（その2）················ 55

PART 4 〈応用編〉
インディケーターを大活用してテクニカル分析が自由自在！

- **Lesson 1** チャートにインディケーターを追加・削除してみよう ········· 68
- **Lesson 2** インディケーターのパラメータを変えてみよう ········· 76
- **Lesson 3** インディケーターをテンプレートにしよう ········· 82

PART 5 〈応用編〉
カスタム・インディケーターで一味違った分析に挑戦！

- **Lesson 1** カスタム・インディケーターって何？ ········· 90
- **Lesson 2** 「Forex TSD」にアクセスしよう ········· 95
- **Lesson 3** これが「Forex TSD」を使いこなすコツだ ········· 98
- **Lesson 4** カスタム・インディケーターをインストールする方法 ········· 105

PART 6 〈実戦編〉
テクニカル分析を工夫して最強の武器に!

- Lesson 1　パラメータを変えれば格段に使いやすくなる ……………… 114
- Lesson 2　移動平均線はこう改良する! ……………………………… 116
- Lesson 3　しろふくろう流移動平均線の使い方 ……………………… 120
- Lesson 4　しろふくろう流ストキャスティクスの使い方 …………… 123
- Lesson 5　テンプレートとインディケーターについて ……………… 126

PART 7 〈実戦編〉
「マルチタイムフレーム」を使えばトレンドがわかる!

- Lesson 1　マルチタイムフレーム「パラボリックSAR」 …………… 136
- Lesson 2　MACDと移動平均線もマルチタイムフレームで分析 …… 142

PART 8 〈実戦編〉
しろふくろう流・必勝のトレードシステムはコレだ

- Lesson 1　GMMAチャートシステムを使ってみよう ………………… 148
- Lesson 2　1時間足、30分足で有効なEASY TRADEシステム ……… 155
- Lesson 3　EASY TRADEシステムを使った具体的なトレード手法 … 159
- Lesson 4　米国では人気が高い「CCI」をマルチタイムで使う ……… 161
- Lesson 5　これがしろふくろう流・必勝のトレードシステムだ! …… 167

PART 9 〈実戦編〉
フィボナッチを活用してさらにトレードの精度を高めよう

Lesson 1	フィボナッチってなんだ？	176
Lesson 2	標準でフィボナッチツールが準備されている	179
Lesson 3	しろふくろう流「Retracement」の設定法	187
Lesson 4	しろふくろう流「Expansion」の設定法	191
Lesson 5	フィボナッチRetracementを押し、戻りの目安にする	197
Lesson 6	フィボナッチRetracementを目標値として使う	201
Lesson 7	フィボナッチExpansionをディナポリ・ターゲットで使う	205
Lesson 8	フィボナッチを実戦で大活用してみよう	210

COLUMN
- EAについて ……… 25
- 組の保存を使いこなそう ……… 88
- 「Forex TSD」とEA ……… 104
- ファイルの拡張子について ……… 112

- クイックガイド❶しろふくろうのサイトについて ……… 215
- クイックガイド❷デモ口座の期限について ……… 216
- クイックガイド❸マルチタイムフレームの基本設定 ……… 218
- クイックガイド❹インディケーターファイルの設置場所 ……… 220
- クイックガイド❺テンプレートファイルの設置場所 ……… 221

カバー写真／Getty Images
イラストレーション／高木一夫
装丁・DTP／村上顕一

PART 1 〈プロローグ〉

メタトレーダーは FXで勝つための 「最良の道具」だ

Lesson 1
相場の雰囲気に流されて大失敗を経験

　FX（外国為替証拠金取引）は1998年の外為法の改正によって誕生した新しい外国為替の投資形態です。

　しろふくろうがFXを始めたのは2003年で、その年の9月にドル円が1ドル＝115円の安値から窓を開けて急落した（ドバイの窓※）ことをよく覚えています。

※ドバイの窓：2003年9月に、UAEのドバイで行なわれたG7で円高誘導が合意されるという憶測から円高となり、週末に大きな窓（ギャップ）を空けたできごと。

　その後の動きを振り返ると、ドル円は2005年1月に1ドル＝101.67円まで下落した後、2年後の2007年10月には1ドル＝115円のドバイの窓を埋めて、本格的にドル買い・円売りが加速しました。

　そして、100年に一度といわれるサブプライムローン・ショックによる金融危機が発生、2008年6月の高値124.12円をピークにして一転、12年ぶりに100円を割れる急速な円高局面に入った、というのが現在までの動きです。

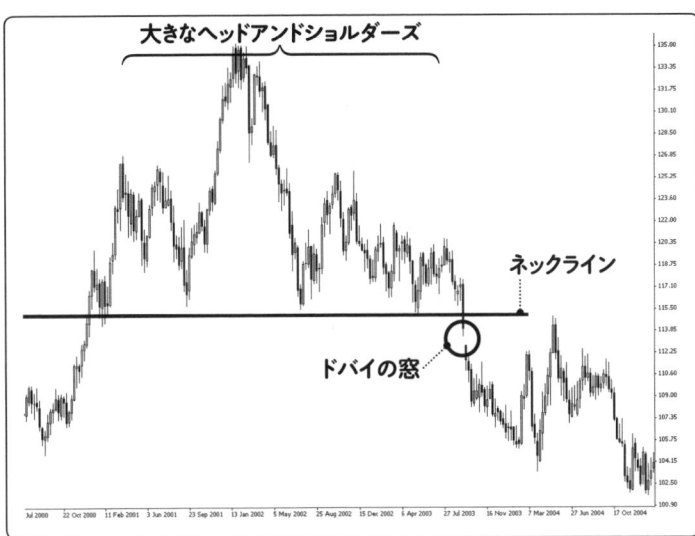

　チャートで2003年当時を振り返ると、135円をトップ、115円をネックラインとする大きなヘッドアンドショルダーズが完成していたことがわかります。
　しろふくろうもFXを始めたときはテクニカル分析などまったくわかりませんでしたが、いろいろと勉強するうちに、チャートパターンというものを学習し、この頃には135円をトップとするヘッドアンドショルダーズの可能性を確信するようになっていました。

　ドバイの窓によって115円を割れたことによるテクニカル上の目標値は、

> ネックライン−（トップ−ネックライン）＝
> ヘッドアンドショルダーズの目標値

となりますから、

$$115-(135-115)=95$$

となり、計算上は95円が目標値として計算されました。

いま思い返せば、世間的な見方としても2003年後半もドルのセンチメントは悪く、ドル円は「戻り売り」をするという意見が主流でした。

そんななか、しろふくろうもご他聞に漏れずドル安信者となっていました。

そして、2004年の5月に114.87円の高値をつけた後、115円を超えることなく反落したドル円は、3月の103.39を下に抜けて2005年1月に101.67円まで下落しました。

このとき、しろふくろうは100円割れに向かって、ひたすらポジションを積み上げていました。

しかし、日本政府の執拗な介入と、FRBの利上げによりドル円は100円を割れることなく反転していったのです。

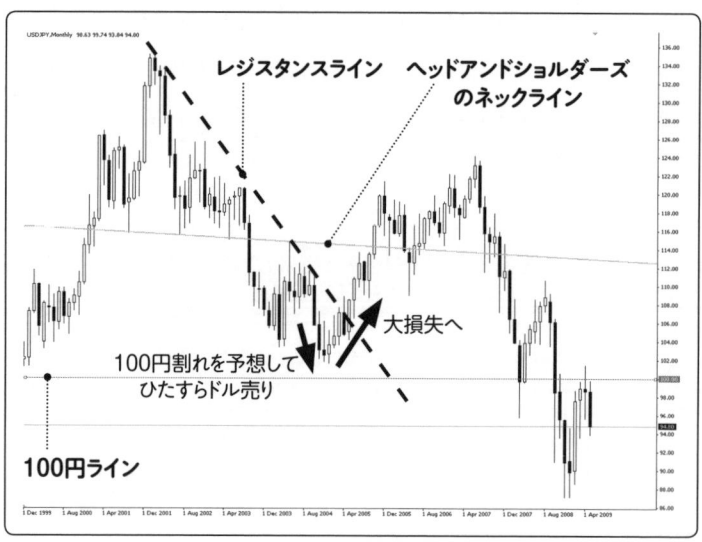

しろふくろうの必要以上にレバレッジをかけられたポジションは、大きな損失を伴って強制決済され、大切な資金を大きく減らしてしまいました。

そしてその後も頭の切り替えができずに、まだ戻り売りを繰り返し、トレンドに逆らったポジションを持って損失を繰り返すという苦い経験をしました。

いまになって冷静に考えると、135.14円と114.87円を結ぶレジスタンスラインを超えたときには変化の兆候が出ていたのですが、「ドルは売るもの」という雰囲気のなかでFXをスタートしたしろふくろうは、なかなか円売りドル買いのスタンスに考えを改めることができなかったのでした。

一方、2006年の本格的な円売り相場から入ったしろふくろうの知人は、「円は売るもの」という信念を持つに至り、金利差と為替差益の両方を受け取れる「円キャリートレード」によって、当初は利益を大きく増やすことに成功しました。

そのときの市場のセンチメントは、「日本は少子高齢化と財政赤字でさらに円が弱くなる＝円売り」というもので、125円はおろか135円までは円安が進むというのが、大方の投資家のコンセンサスでした。

しかし、2006年の高値を境にドルは急反落し、それまでサポートであった115円を下に抜けて、2008年3月にはついに100円を割れました。

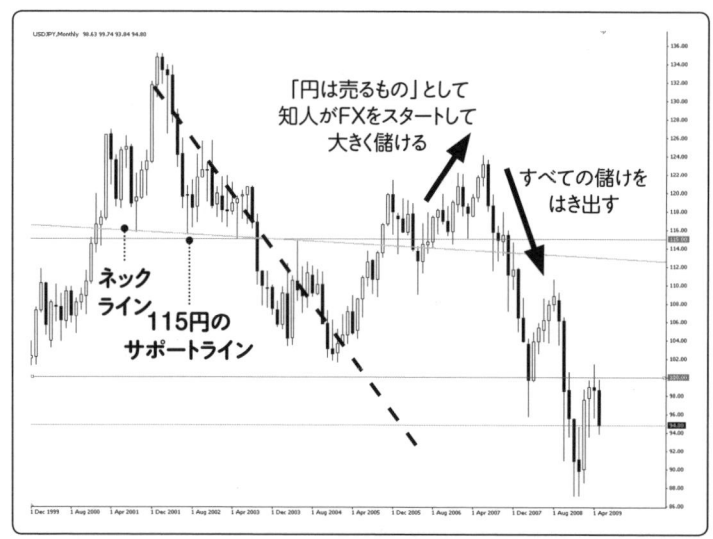

　しろふくろうの知人は、円を売ってドルを買う「円キャリートレード」によって利益を大きく膨らませていたにもかかわらず、115円あるいはネックラインなど、長期のチャートに示されていたサポートラインを割ってもポジションを手仕舞いせず、結果的には、すべての利益を失ってしまいました。

　しろふくろうと知人の二人のトレードに共通することは、チャート上の変化に気づいていながら、負けトレードを認めてポジションを変えることができなかったことです。

　その理由の一つには、FXという商品がもつ大きな魅力の一つであるレバレッジに心を奪われ、冷静な判断ができないほどのポジションをもってしまったことがあったのかもしれません。

　なんだか最初から暗い話になってしまいましたが、要するにしろふくろうは、この大負けを通じて「もっと自分自身の力で臨機応変に判断しながらトレードがしたい」と考え、ますますテクニカル分析の研究に取り組むようになった、ということなのです。

Lesson 2
勝ち組を目指して
トレードスタイルを模索

　インターネットが広く普及したことによって、プロのトレーダーと、個人投資家のハンデは以前より格段に縮まったといわれます。

　しかし、プロと同じ土俵で戦わなければならないトレードの世界で、ファンダメンタルズに関わる情報という面では質、スピード、量の面で依然として大きなハンデがあるといわざるを得ません。たとえば米国の投資銀行などは、米国政府関係者を通じて情報収集を行なっているといわれます。日本の銀行にしても、機関投資家の大きな注文などを事前に知ることができる立場にありますから、大口注文に便乗することによって利益を上げやすい有利な立場に立っています。

　そうしたなか、唯一プロのトレーダーと私達個人投資家が同じ条件で見ることができるのが、価格そのものの推移です。そして、その価格を正確に、必要な形に加工して提供してくれるのがチャートやテクニカル分析なのです。

　また、さきほどお話した大失敗のエピソードから、しろふくろうが学んだことがもう一つあります。それは時間枠が大き過ぎるトレードはよくない、正確にいえば、しろふくろうには合わなかったということです。

　時間枠が大きいということは、当然のことながら為替レートの振れ幅が大きくなります。振れ幅が大きいということは、

少ない資金量でレバレッジをかけたトレードをしていると、立ち直れなくなるような大きなドローダウンを被るおそれがあるということです。

為替レートの変動を検証した結果、しろふくろうに適したトレードの時間枠は、長くても4時間足程度までで、損失になるケースでも、その額を限定できるようなトレードを行なわなければならないという結論に達しました。

そして、目指すべきトレードスタイルとして「ニュースを極力排除した、時間足レベルのチャートとテクニカル分析に基づいたもの」という目標ができたのです。

当然、時間足をきちんと検証するためには、優れたチャートツールが必要になります。ここから、しろふくろうの本格的な試行錯誤が始まりました。

Lesson 3

「マルチタイムフレーム」から メタトレーダーに行き着く

　雰囲気に流されたトレードで失敗したあと、しろふくろうはひたすらテクニカル分析、トレーディングシステムの勉強をしました。日本国内はもとより、海外のトレードに関するサイトや書籍なども調べた結果、非常に興味深いトレードスタイルに出会いました。

　それが、本書でもPART 7で必勝法として解説している「マルチタイムフレーム」(複数時間枠)を活用したトレードです。

　トレードでよく使う言葉に「トレンド」というものがあります。

　とりわけ為替トレードで勝つためには、トレンドを把握することが大切で、「逆張り」ではなく「トレンドフォロー」でポジションをとることが重要であるとされています。

　簡単にトレンドといいますが、実はトレンドの方向は時間軸によってさまざまにとらえることができます。

　たとえば、日足チャートではアップトレンドが確認できるのに、1時間足を見ると明らかにダウントレンドとなっていることがあります。このとき、どちらの方向にトレンドが出ていると判断しますか？

　答えは、1時間はダウントレンド、日足はアップトレンドで、どちらも正しいといえます。

　しかし、どちらの方向にトレードするかは判断に迷うとこ

ろでしょう。
　トレンドの特徴としては、

> ●トレンドはチャートの時間軸ごとに異なる
> ●上位時間軸ほどトレンドが長く継続する

ということができます。
　先ほどの場合では、日足のトレンドと1時間のトレンドの方向が合ったときに、トレードの勝率が上がるはずです。
　具体的には、「日足のトレンド方向（アップトレンド）に1時間足のトレンド方向が一致したときに、エントリーを行なう」のです。
　これが「マルチタイムフレーム」（複数時間軸）を活用したトレードの考え方です。

　この考え方に基づき、しろふくろうは当初、日足チャートと1時間チャートを二つ並べてトレードしていました。しかし、そのうちに「1時間チャートのうえに、何とか日足のトレンド指標を表示できないものか」と考えるようになりました。
　そして、1時間チャートに、日足の20日線を引こうとして、24時間×20日で480時間線を引いてみたりしました。
　しかし正確にいえば、480時間線では日足の20日線の代わりにはなりません。
　何かいい方法はないものかとインターネットでいろいろと検索していると、海外には非常に高機能なチャートソフトが有料で販売されていることがわかりました。
　最も興味を持ったのが、「トレードステーション」というチャートソフトでした。

このソフトを使うことにより、希望していたマルチタイムフレームのチャートを作成することができるのはもちろん、自動売買にも対応しているという夢のようなチャートソフトでした。
　しかし、高機能なゆえに2000ドル以上の高価格、しかも当時は英語版しか出ていなかったこともあって、購入するのを躊躇していました。

　そんなとき、「メタトレーダー」という無料で使えるチャートソフト（正確にはトレーディングプラットフォーム）を見つけたのです。
　初めてMetaQuotes社のサイトからダウンロードしたメタトレーダーは、海外のチャートソフトらしく、機能的な反面、ややとっつきにくい印象がありました。
　しかし、海外でのメタトレーダーの人気は非常に高く、フォーラムやブログで活発に意見が交わされています。いろいろと調べていると、フリーソフトとして便利なインディケーターをダウンロードして取得でき、それらを活用することによりトレードステーションと遜色ない機能をもたせ、しろふくろうが考えているとおりのチャートをつくることができることがわかったのです。
　そして、日本人にとって最もありがたいのが、マルチランゲージ対応で、日本語にも対応しているということです。

Lesson 4

メタトレーダーは
ここが素晴らしい

　メタトレーダーは、前述したように、非常に高価なチャートソフトと同等以上の機能を備えた、高機能なチャートソフトであり、トレーディングプラットフォーム※です。

※トレーディングプラットフォーム：メタトレーダーを採用しているFX会社に口座を開設すれば、メタトレーダー上から注文や口座管理を行なうことができる機能のこと

　以下にしろふくろうが自らの経験をもとに、メタトレーダーのメリットだと思うものを挙げてみました。

●**無料で使える!**
　知人の現役為替ディーラーの方にもメタトレーダーを紹介したことがありますが、これだけのチャートシステムが無料であることに驚いていました。ITの進歩に感謝です!

●**パソコンのスペックをあまり求めない!**
　非常に高機能なチャートソフトであるにもかかわらず、少し古いノートパソコン等でも快適に動きます。

●**通信の負荷が小さく、チャートの動きが速い!**
　パソコンにインストールするタイプのチャートソフトで、プライスデータのみを通信で取得するため、チャートの値動

きが速いのが特徴です。

●**オリジナルのチャートシステムが構築できる!**

カスタム・インディケーターを駆使することにより、思いどおりのチャートを構築することができます。

●**開発言語が公開されているので、独自のテクニカルツールをつくることができる!**

この機能については少しむずかしくなるので、本書では触れていません。興味がある方は『FXメタトレーダー入門』(豊嶋久道著、パンローリング刊) という専門書がありますので、一読してみるとよいでしょう。

●**EA (Expert Advisor) を組み込むことにより、標準で自動売買にも対応できる!**

EAについてはコラムを参照してください。ただし、自動売買については、販売されているシステムを購入して使っても、期待どおりのパフォーマンスが得られるとは限りません。自動売買を行なうに際しては、自分自身できちんと売買ロジックを理解することと一定期間は使ってみるなど試行錯誤が必要です。

●**メタトレーダーを使ってリアルトレードができる!**

現時点において日本国内で3社、海外では60社を超えるFX会社がメタトレーダーをトレーディングプラットフォームとして採用しています。それらの業者に口座を開設すれば、自分がカスタマイズしたメタトレーダーのチャート上から、そのまま注文や口座管理を行なうことができます

個人投資家にとって、メタトレーダーは非常に優れた"道具"です。標準でも多くの機能をもっているうえ、使う人間の工夫次第で、さまざまなカスタマイズにも対応できるチャートソフトです。

　最初は少しとっつきにくいかもしれませんが、本書では初心者でもわかるように、メタトレーダーのインストールから、チャート機能の使い方までをやさしく説明しています。また、しろふくろう自身がFXトレードで活用している独自のチャートとテクニカル分析についても、それをメタトレーダーで再現し、売買を行なう方法を具体的に解説しています。

　それらをそのまま活用されても結構ですし、さらに改良を加えて、自分なりの勝ちパターンに磨き上げてみるのも面白いと思います。

　それではみなさん、頑張っていきましょう。

COLUMN **EAについて**

　Expert Advisor（EA）はメタトレーダーの大きな魅力のひとつです。
　EAというのは「メタトレーダーで実行する自動売買のプログラム」のことですが、個人投資家にとっても「自動売買」というのは非常に魅力的なトレードスタイルです。「裁量で勝てないから」「昼間は仕事でチャートを見ることができないから」といった理由でこれからますます注目を集めるのではないかと思います。
　ただし、個人的にはEAの導入に関してはかなり慎重です。
　時おり、メタトレーダーの知識や基本的なテクニカル分析の知識がないまま、高価なEAを購入して損失を被ったという話を聞きます。
　「自動売買」という非常に魅力的な言葉の響きに加えて「勝率○○％！」とか「月間○○○pips獲得！」などという広告用のキャッチコピーに踊らされて、自動売買に関する認識がないままスタートしてしまう方が多いようです。
　そもそも、相場というものは「持ち合い」と「トレンド」を繰り返しながら推移していくものです。
　「持ち合い」と「トレンド」の比率は7：3とも8：2ともいわれますが、要はプログラムで最適化した以上は、「持ち合い」に合わせるか、「トレンド」に合わせるかのいずれかになります。
　つまり「持ち合い」でよいパフォーマンスを上げるように設定されているものは、「トレンド」時には「ドローダウン」という損失を続ける状況になる可能性が高いし、逆のケースもあるということです。
　優秀なEAはこのあたりをチューニングして、右肩上がりで徐々に収益を増やしていくことができるようになっているようですが、あくまで「勝ち」と「負け」を合わせてトータルでどのように収益を増やすことができるかであって、100％勝ちということはあり得ないということです。したがって、始める時期によっては、どんなに優秀なEAであっても、ドローダウンに陥ることがあるわけです。
　そうしたことをよく理解したうえで、EAに興味があるという方は、まずは、パート5で解説する「Forex TSD」などで、無料のEAを探してデモトレードを行なってみてください。無料のものでもある程度の収益を上げられるものはたくさんありますし、何より本格的に自動売買をスタートする前にまずは、「軽く試してみる」ことが大切だと思います。

PART 2 〈入門編〉
早速メタトレーダーを使ってみよう!

Lesson 1

パソコンへのインストールが必要なソフト

　ここまで読んだ方のなかには、「メタトレーダーってすごいソフトだな」と思う反面、なんだかとてもむずかしそうだなと尻込みしている人がいるかもしれません。しかし、その心配は無用です。メタトレーダーの基本的な操作方法（インターフェイス）は、ウインドウズの流儀にそったものです。メニューの構成などはワードやエクセルに近いものがありますし、普段、メールやインターネットを使っている方であれば、見よう見まねで触っても、基本的な操作はできてしまうと思います。

　「習うより慣れよ」といいますから、早速メタトレーダーをインストールして使い始めてみましょう、と言いたいところですが、その前に、FXのトレードに不可欠なプラットフォーム（FX会社の取引システム）について少し説明しておきます。

　一般的に、FX業者の提供する取引システムは、大きく2種類に分かれます。

---

①WEBブラウザベースで動作するもの
　（JAVAスクリプト型）
②パソコンにインストールして動作するもの
　（プログラム型）

---

①の特徴は、インターネットに接続することができれば、どのパソコンでも取引画面を表示することができるということです。

　しかし、移動平均線などのインディケーターのセッティングは、毎回初期値に戻ってしまうので、自分が使いやすいように細かな設定をしようという方にとっては面倒です。また、プライスデータだけでなく、プログラム自体もインターネットを通じて配信されている形になりますから、サーバーに負荷がかかった状態では画面の表示や、オーダーの約定スピードが遅くなることがあります。

　②の特徴は、プログラムをインストールしたパソコンでしか取引画面を表示できないということです。

　しかし、独自に設定したチャートやテクニカル分析などのパラメータを保存しておくことができるため、起動したときにすぐお気に入りのチャート画面を表示することができます。

　また、プライスデータのみをインターネット経由で受け取る形になるため、サーバーへの負荷が少なく、一般にはチャートの動きやオーダーレスポンスが速いことが利点です。

　メタトレーダーは、②のパソコンにインストールするタイプのプログラムで、パソコンにインストールする作業は手間ですが、その分、非常に高速、高機能なチャートソフトとなっているわけです。

　メタトレーダーの動作環境については、MetaQuotes社のサイトを見ると、対応するOSとしてWindows98、Me、XP、Vistaと表示されています。この本で紹介しているODL JAPANのサイトでは、XPとVistaが動作環境となっていますので、概ねXP以上のWindowsパソコンであれば、問題なく動作するとみてよいでしょう。

インターネットの通信環境としては、前述したように、メタトレーダーは個々のパソコンにインストールタイプのチャートソフトで、インターネット経由でプライスデータのみを受け取っていますので、WEBブラウザベースで動作するタイプほど通信環境の影響を受けません。一般にブロードバンドと呼ばれるADSL回線以上の速度であれば、快適に動作します。

　また最近は広く使われているイー・モバイルやウィルコムなどのモデムカードを使っても、十分動作します。

　しろふくろう自身も時々、通信カードをセットしたパソコンを持ち歩き、外出先でトレードしたりしています。

Lesson 2

メタトレーダーはどこでダウンロードできるの？

　メタトレーダーは、ロシアのMetaQuotes社が開発・提供しているトレーディングプラットフォームです。

　FX会社のなかには、自社で開発した独自のプラットフォームを使っているところも多くありますが、開発コストが非常にかかるため、既製のトレーディングプラットフォームを流用して開発コストを抑え、その分、顧客により良いサービスを提供しようという会社もあります。

　メタトレーダーは、日本ではまだまだ導入している会社が少ないのですが、欧米ではポピュラーなトレーディングプラットフォームとして、多くのFX会社が導入しています。

　以下では、メタトレーダーをダウンロードできる代表的なFX会社を紹介しておきます。

　各社とも、同じメタトレーダーを使いながらも、取り扱い通貨ペアや取引時間などは異なっています。慣れてきたらいろいろと比較してみるのも面白いかと思います。

開発元

●MetaQuotes社（http://www.metaquotes.net/）

　特徴：メタトレーダーの開発元のサイトです。現在ホームページは日本語未対応

日本国内のメタトレーダーが利用可能なFX会社

●**ODL JAPAN (http://www.odls.co.jp/)**

特徴：日本で最初のメタトレーダー対応業者です。通貨ペア26、最大レバレッジ100倍、CFD取引（11指数銘柄）にも対応

●**121証券 (http://FX.121sec.com/index.asp)**

特徴：RobotFXという名前でメタトレーダーが使えます。通貨ペア20、最大レバレッジ130倍

●**Fortune Capital (http://www.fortune-capital.co.jp/)**

特徴：日本国内で口座開設できるメタトレーダー採用のFX会社のなかで、最もレバレッジが高いのが特徴です（200倍＝プロ・アドバンス口座）。通貨ペア37

海外のFX会社

●**FXDD NY (http://www.FXdd.com/)**

サーバータイムがNYクローズ（1日の区切りをNY時間でつけている）になっているため、日本で一般的な為替の日足チャートの区切りと同じであり、見慣れた日足チャートと同じ形が正確に出ます。しろふくろうもここをメインチャートとして使っていて、「しろふくろうのメタトレーダーでFXシステムトレード」ブログ (http://sirofukurou.cocolog-nifty.com/mt4/) でも詳しく紹介しています。

その他の海外のメタトレーダー採用FX会社については右ページの一覧表をご参照ください。

海外のメタトレーダー採用FX会社

ActivTrades	http://www.activtrades.com/
Admiral Markets	http://www.FXservice.com/
Advised Trading	http://www.advisedtrading.com/
AL Trade	http://www.alforex.com/
Alpari	http://www.alpari-idc.com/
Apex FX Trading	http://apexFXtrading.com/
Arab Financial Brokers	http://www.afb.com.kw/
ATC Brokers	http://www.atcbrokers.com/
BroCo	http://en.brocompany.com/
Bulbrokers	http://www.bulbrokers.bg/
FastBrokers	http://www.fastbrokers.com/
FIBOGroup	http://www.fibogrouPCom/
Forex Place	http://www.4xPCom/
Forex Trading Edge	http://www.forexte.com/
FOREX UKRAINE	http://www.forexua.com/index
Forex-Metal	https://forex-metal.com/
Forex.CH	http://www.forex.ch/
Forex.com	http://www.forex.com/
Forex4you	http://www.forex4you.com/
ForexGen	http://www.forexgen.com/
FX-PRO	http://www.FX-pro.com/
FXcast	http://FXcast.com/?pr=20097
FXCH	http://www.forex-swiss.com/
FXCM	http://www.FXcm.com/
FXD24	http://www.FXd24.com/
FXM Financial Group	http://FXmtrade.com/en
FXOpen	http://earnforex.cabinet.FXopen.com/
FXPro	https://www.FXpro.com/
FXTSwiss	http://www.FXtswiss.com/
FX¦Clearing	https://www.FXclearing.ca/eng/
Gallant FX	http://www.gallantFX.com/
GCI Financial	http://www.gclTrading.com/
GOMarkets	http://www.gomarketsaus.com/
Hotspot FX	http://www.hotspotFX.com/
IKON GM – Royal Division	http://www.ikon-royal.com/
Ingot Brokers	http://www.ingotbrokers.com/
InstaForex	http://www.instaforex.com/
Interbank FX	http://www.ibFX.com/
Invest2Forex	http://www.yourprivatebankers.com/
InvestTechFX	http://www.investtechFX.com/
LatlTude FX	http://www.latlTudeFX.co.nz/
LITeForex	http://www.llTeforex.org/
MasterForex	http://www.masterforex.org/
MB Trading	http://www.mbtrading.com/
MIG Investments	http://www.migFX.com/jp/
Neuimex	http://neuimex.com/
NTWO	http://www.n2cm.com/
ODL SecurlTies	http://www.odlmarkets.com/
Prime4x	http://www.prime4x.com/
Real Trade	http://www.realtrader.org/
StartForex	http://www.startforex.com/
Tadawul FX	http://www.tadawulFX.com/v2/
Taurus Global Markets	http://www.tgmFX.com/
TeleTRADE	http://teletrade-dj.com/
TradeView Forex	http://www.tradeviewforex.com/
VarengoldBankFX	http://www.varengoldbankFX.com/
Wall Street Brokers	http://www.wsbrokers.com/
Windsor Brokers	http://www.windsorbrokers.biz/
WSD	http://www.wsd-nz.com/
X-Trade Brokers	http://www.xtb.com/

メタトレーダーはFXで勝つための「最良の道具」だ

早速メタトレーダーを使ってみよう！

チャートの基本操作を覚えよう

インディケーターを大活用してテクニカル分析が自由自在！

カスタム・インディケーターで一味違った分析に挑戦！

テクニカル分析を工夫して最強の武器に！

「マルチタイムフレーム」を使えばトレンドがわかる！

しろふくろう流・必勝のトレードシステムはコレだ

フィボナッチを活用してさらにトレードの精度を高めよう

Lesson 3

ODL JAPANのサイトからダウンロードする方法

　さて、ここからは具体的にメタトレーダーをダウンロードしてパソコンにインストールする方法を説明します。

　今回は、日本国内でメタトレーダーを採用しているFX会社の一つであるODL JAPANのサイトからメタトレーダーの最新バージョン「メタトレーダー4」をダウンロードする方法をご紹介します。日本語版になっていますので、安心して使ってください。

　それでは早速メタトレーダー4をダウンロードして、インストールしてみましょう。

①ODL JAPANのホームページ（http://www.odls.co.jp/）を表示し、「mt4/mtmダウンロード」のボタンをクリックします。

●ワンポイント・アドバイス
メタトレーダーで原油や株も取引できます！
ODL JAPANは、日本で最初にメタトレーダーをトレーディングプラットフォームとして採用したFX会社です。最近ではCFDも扱い始めたので、メタトレーダーのチャート上から原油やNYダウを取引することもできるようになりました。

②メタトレーダーのダウンロードページがひらくので、左側のmt4の「今すぐダウンロードへ」をクリックします。

メタトレーダーは
FXで勝つための
「最良の道具」だ

早速
メタトレーダーを
使ってみよう!

チャートの
基本操作を
覚えよう

インディケーターを
大活用して
テクニカル分析が
自由自在!

カスタム・
インディケーターで
一味違った分析に
挑戦!

テクニカル分析を
工夫して
最強の武器に!

「マルチタイム
フレーム」を
使えば
トレンドがわかる!

しろふくろう流・
必勝のトレード
システムはコレだ

フィボナッチを
活用してさらに
トレードの精度を
高めよう

35

③ポップアップ画面が開きますので、「お名前」「E-MAIL」の枠内を入力し(必須)、「上記内容を確認し、これに合意します」にチェックを入れ、「PC版MT4のダウンロード」ボタンをクリックします。

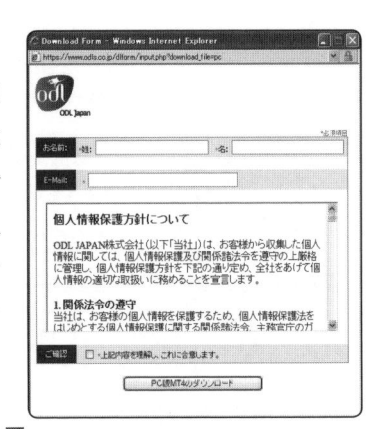

④ポップアップにこのようなメッセージがでますが、指示どおりにアドレスバーの下の部分をクリックします。

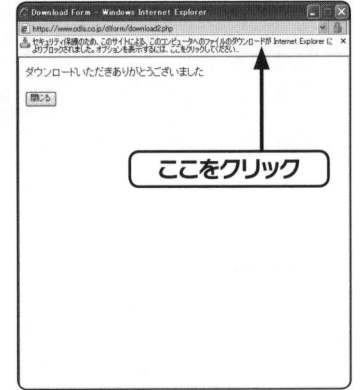

ここをクリック

⑤「ファイルのダウンロード」を選択します。

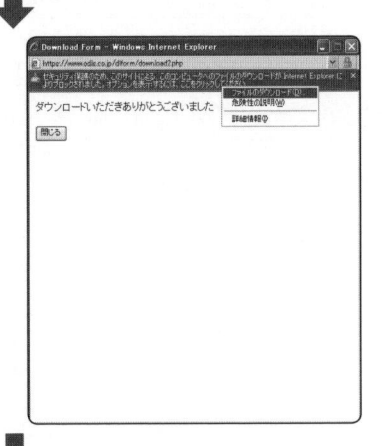

⑥「ファイルのダウンロード」ウインドウが開きますので、「開く」ボタンをクリックします。

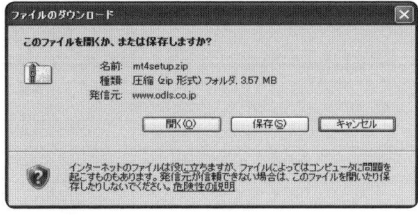

⑦「実行」ボタンを押します。

⑧ダウンロードが完了すると「mt4setup.exe」という実行ファイルが表示されますので、これをダブルクリックします。

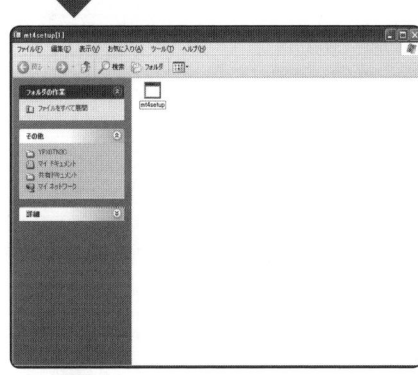

⑨言語選択で、「日本語」が選択されていることを確認して「次へ」ボタンをクリックします。

⑩警告画面が出ますが、そのまま「次へ」をクリックします。

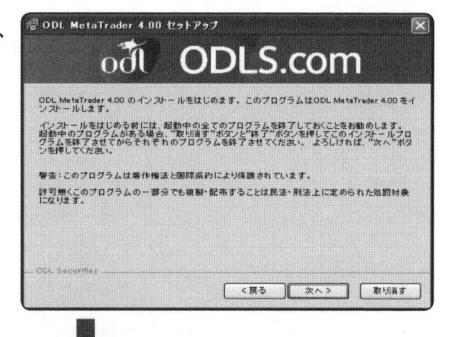

⑪ライセンス合意の画面で、「はい。すべてのライセンス条項に同意します。」にチェックを入れ、「次へ」をクリックします。

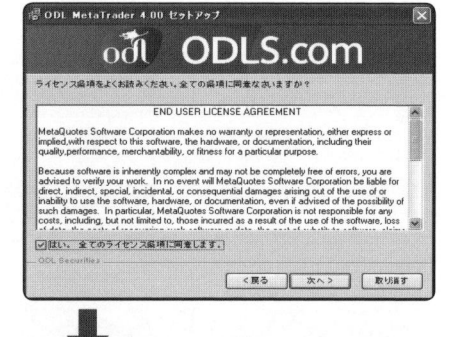

⑫インストール先の確認画面が出ますが、通常はこのままにして「次へ」をクリックします。

ここで変更ボタンを押して、パソコン内の任意のドライブ上（たとえばDドライブ）にインストールすることもできます。ただし、事前に「odl_mt4」などの名前でフォルダーをつくっておいて、そのなかにインストールすることをお勧めします。そうでないと、多数のファイルがDドライブにばら撒かれることになってしまうからです。

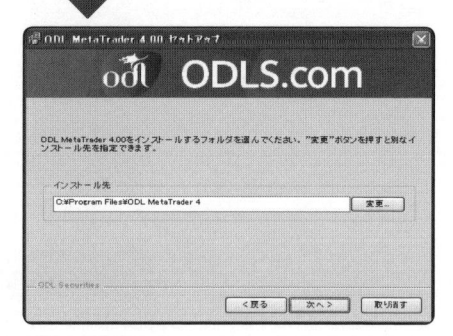

⑬プログラムグループでは、とくに何もしないで、そのまま「次へ」をクリックします。

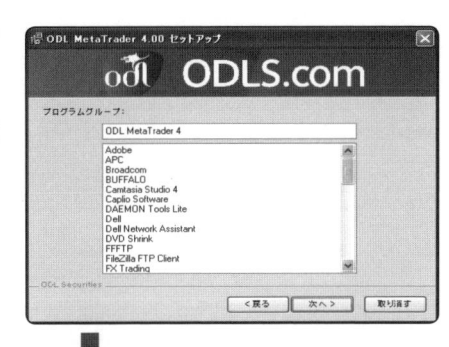

⑭最終確認画面が出ますので、そのまま「次へ」をクリックしてインストールを開始します。

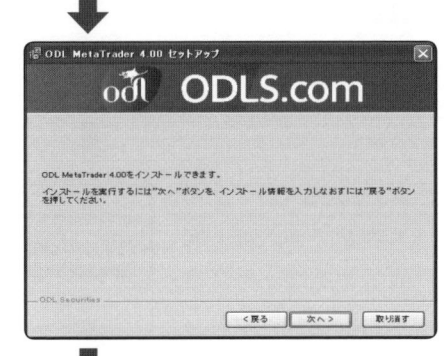

⑮インストールが無事完了するとこの画面が出ます。「終了」ボタンをクリックすると、メタトレーダーが起動します。

⑯次はダウンロードしたメタトレーダーにサーバーからプライスデータを送ってもらうために、デモ口座の申請をします。

メタトレーダーが起動すると、「デモ口座の申請」画面が開きます。国名は「Japan」のままでOKです。「口座タイプ」

メタトレーダーはFXで勝つための「最良の道具」だ

早速メタトレーダーを使ってみよう！

チャートの基本操作を覚えよう

インディケーターを大活用してテクニカル分析が自由自在！

カスタム・インディケーターで一味違った分析に挑戦！

テクニカル分析を工夫して最強の武器に！

「マルチタイムフレーム」を使えばトレンドがわかる！

しろふくろう流・必勝のトレードシステムはコレだ

フィボナッチを活用してさらにトレードの精度を高めよう

のプルダウンを押して「forex-jpy」を選択します。「レバレッジ」が「1:100」になっていることを確認します（変更しないようにして下さい）。証拠金は「100000」のままでOKです。

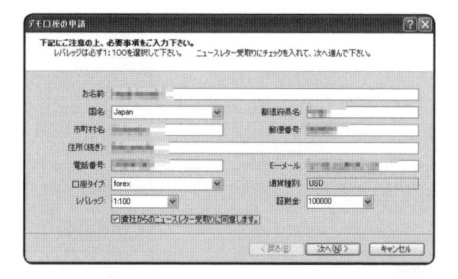

最後に「貴社からのニュースレター受取に同意します。」にチェックを入れて「次へ」ボタンをクリックします。

⑰取引用サーバーを選ぶ画面では、とくに何もしないで、「次へ」ボタンをクリックします。

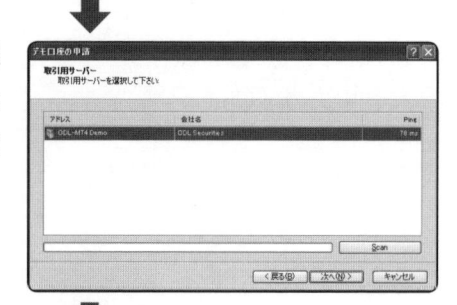

⑱画像のように、緑色のバーが最後まで進み、「ログインID」と「パスワード」が表示されていれば、無事インストールが完了です。

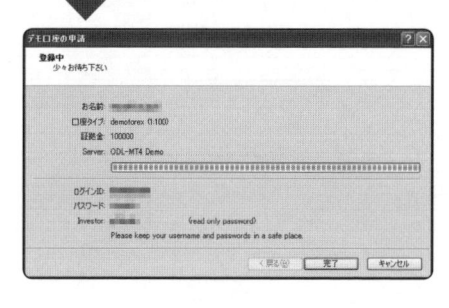

なお、WindowsVistaでのエラーについては、しろふくろうのブログ（http://sirofukurou.cocolog-nifty.com/mt4/2008/02/windowsvista_3bc0.html）に対応法を記してありますので、ご参照ください。

⑲「完了」ボタンを押すと、続いてLive Update画面が開き最新のバージョンを確認しますので、「Start」ボタンをクリックします。

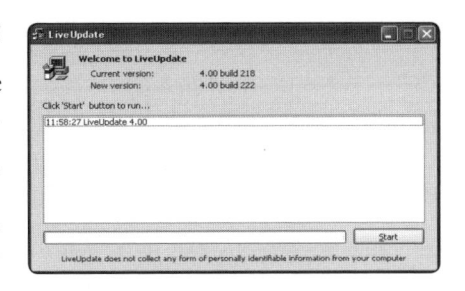

⑳LiveUpdateが終了すると、このような画面に変わりますので、中央の「Update and Restart」ボタンをクリックします。

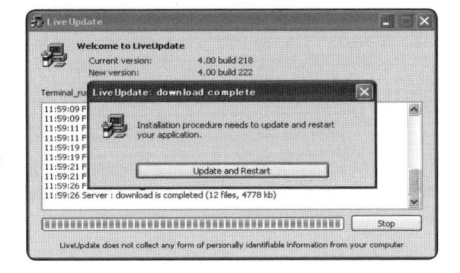

押した後、いったんメタトレーダーが終了し、再起動されます。

㉑次ページの画像のように、チャートが動き出して○の部分の数字が表示されれば無事インストールが完了です。

この○の部分に「回線エラー」と表示されているときは、サーバーとの接続がうまくいっていない可能性があります。再度デモ口座の申請画面から入力内容を確認してみてください。

メタトレーダーはFXで勝つための「最良の道具」だ

早速メタトレーダーを使ってみよう！

チャートの基本操作を覚えよう

インディケーターを大活用してテクニカル分析が自由自在！

カスタム・インディケーターで一味違った分析に挑戦！

テクニカル分析を工夫して最強の武器に！

「マルチタイムフレーム」を使えばトレンドがわかる！

しろふくろう流・必勝のトレードシステムはコレだ

フィボナッチを活用してさらにトレードの精度を高めよう

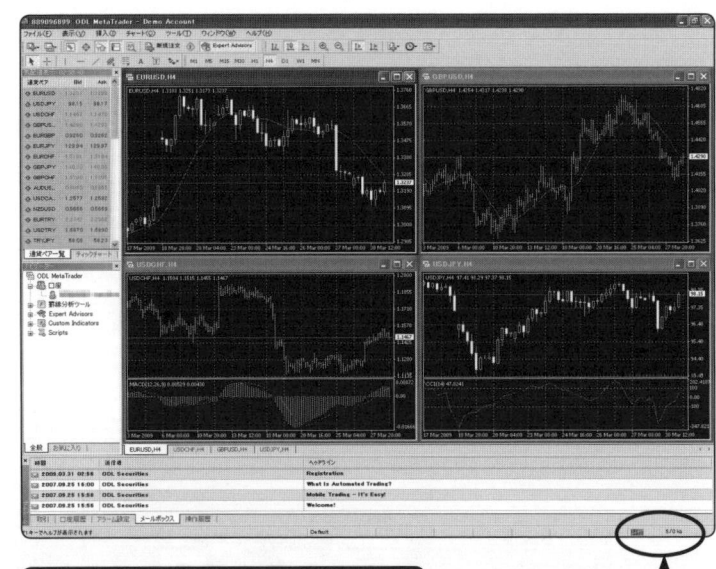

この部分に数字が表示されていればOK

インストール作業は無事に済みましたか？
お疲れさまでした！
PART 3からはいよいよ、メタトレーダーの使い方について説明したいと思います。
まだまだ頑張っていきましょう！

PART 3 〈入門編〉
チャートの基本操作を覚えよう

PART 3

Lesson 1

メタトレーダーなら
チャートが自由自在

　メタトレーダーのインストールお疲れさまでした！

　まずは無事インストールが完了してほっとしているところでしょう。でも、ここから先がますます楽しいところです。

　PART 3では、メタトレーダー本来のカスタマイズ性を生かすために、サンプルチャートを使って、メタトレーダーでチャートを設定するための基本操作を覚えていきましょう。

　下はインストール直後のメタトレーダーのチャート画面です。

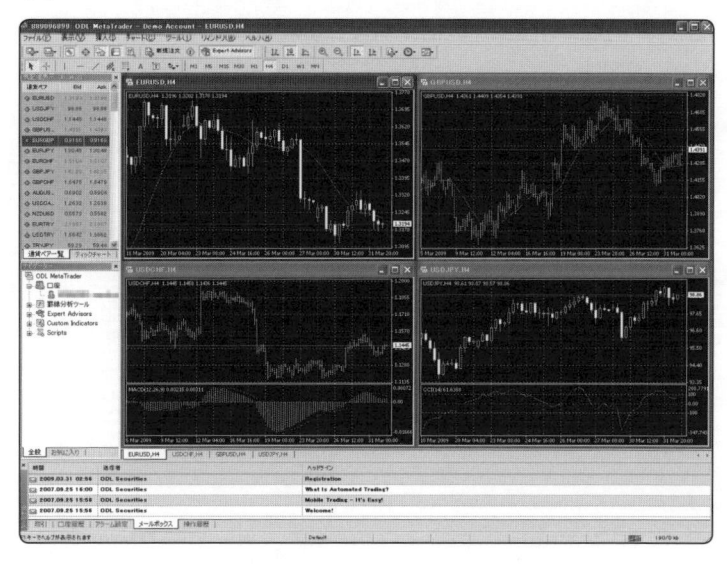

そして、この章でみなさんと一緒に作成しようと考えているチャートはこちらのチャート画面です。

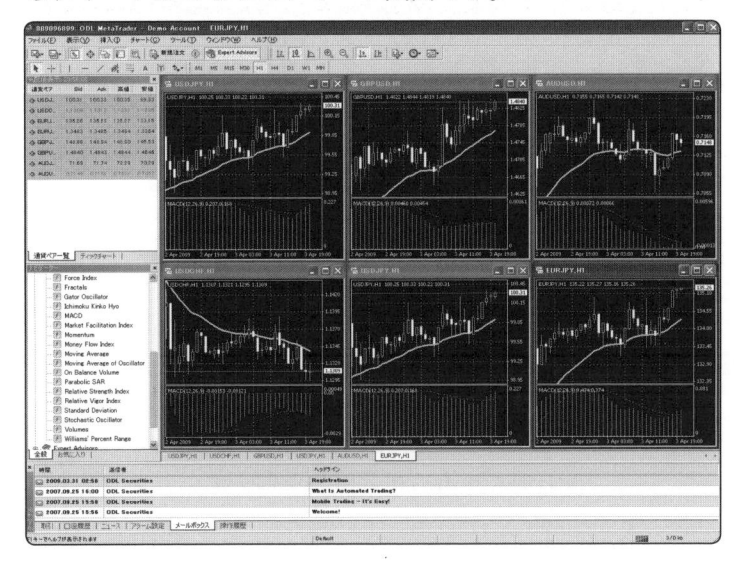

全然違いますよね。チャート画面が6分割されていて、6つの通貨ペアを同じテクニカル分析で比較できるようになっています。

このようにメタトレーダーでは、通貨ペアや、時間軸はもちろん、チャートに表示させるインディケーターの色や、画面のデザインなども自由に変えることができ、自分だけのオリジナルチャートをつくることができます。FXトレードにおいて、自分が使いやすい道具を揃えるというのは、こういうことです。

それでは早速、チャートを設定するための基本操作をマスターしていきましょう。

Lesson 2

チャートの基本操作（その1）

ここでは、

- ●気配値表示ウインドウのしくみ
- ●通貨ペアの増やし方
- ●高値／安値の表示

を覚えましょう。

　インストール直後のODL版メタトレーダーには、デモ口座の場合、FXに加えて、商品や株、CFDなどいろいろな銘柄が表示されています（ライブ口座では7月1日現在、26種類の通貨ペアとなります。ちなみにライブ口座というのは、ODLジャパンに実際に口座を開設して取引する場合のことを指します）。

　このままではちょっと見づらいので、通貨ペアの数を少し整理してみましょう。

　「気配値ウインドウ」の上で右クリックすると、メニューがポップアップされます。

　ここで「通貨ペア数の最小化」を選択してクリックします。

ここが気配値表示ウインドウ

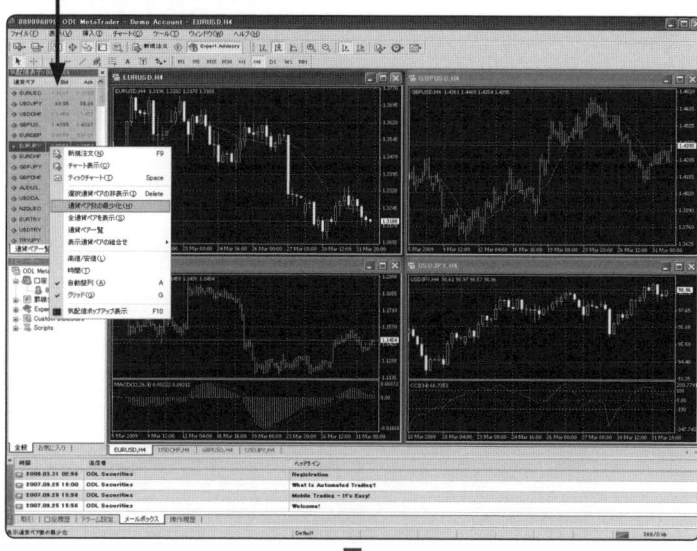

EURUSD・USDJPY・USDCHF・GBPUSDのメジャー通貨ペア4種類のみが表示されました。

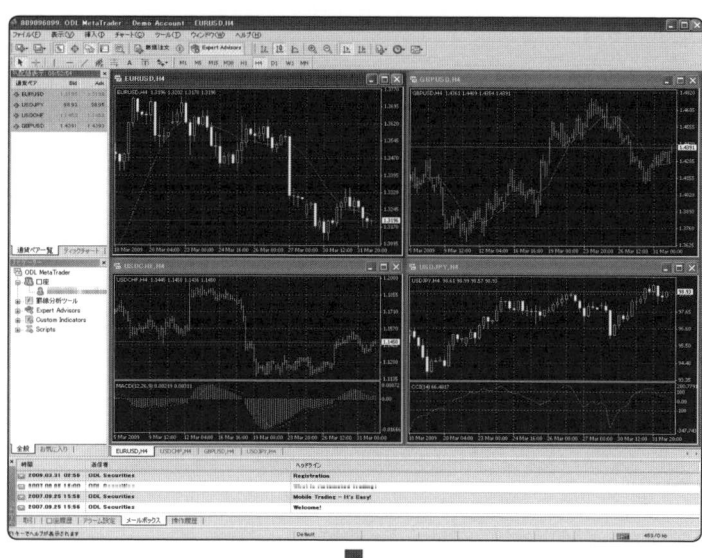

- メタトレーダーはFXで勝つための「最良の道具」だ
- 早速メタトレーダーを使ってみよう！
- **チャートの基本操作を覚えよう**
- インディケーターを大活用してテクニカル分析が自由自在！
- カスタム・インディケーターで一味違った分析に挑戦！
- テクニカル分析を工夫して最強の武器に！
- 「マルチタイムフレーム」を使えばトレンドがわかる！
- しろふくろう流・必勝のトレードシステムはコレだ
- フィボナッチを活用してさらにトレードの精度を高めよう

47

再度、「気配値表示ウインドウ」の上で右クリックして「通貨ペア一覧」を選択します。

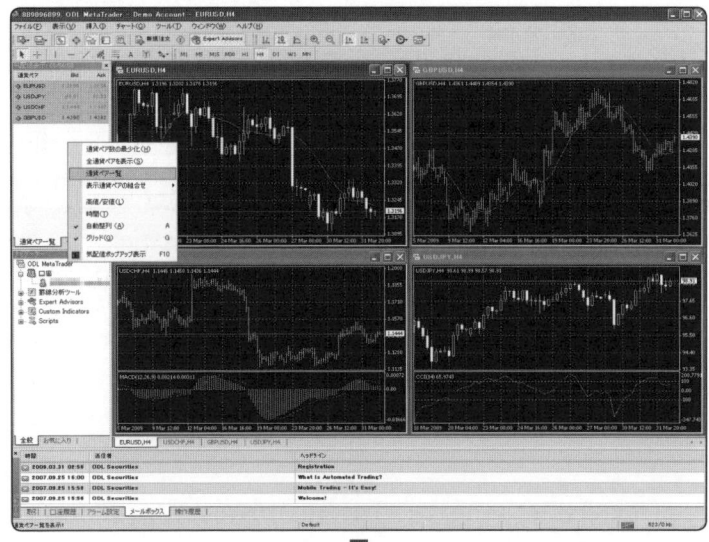

通貨ペア一覧が表示されますので、group5AUDUSDの＋をクリックして開き、AUDUSDを選択し、「表示」ボタンをクリックします。

●ワンポイント・アドバイス
メタトレーダーは世界中で使われています！

メタトレーダーの特徴のひとつとして「マルチランゲージ対応」だということがあります。なんと現時点で世界各国の28言語に対応しています。「Arabic」なんていうのもありますから、試してみるとおもしろいかもしれませんね。

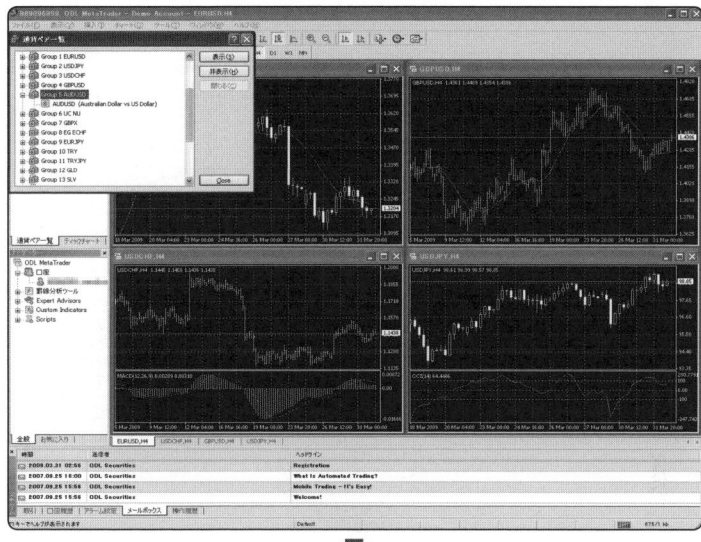

このようにAUDUSDが追加されました。

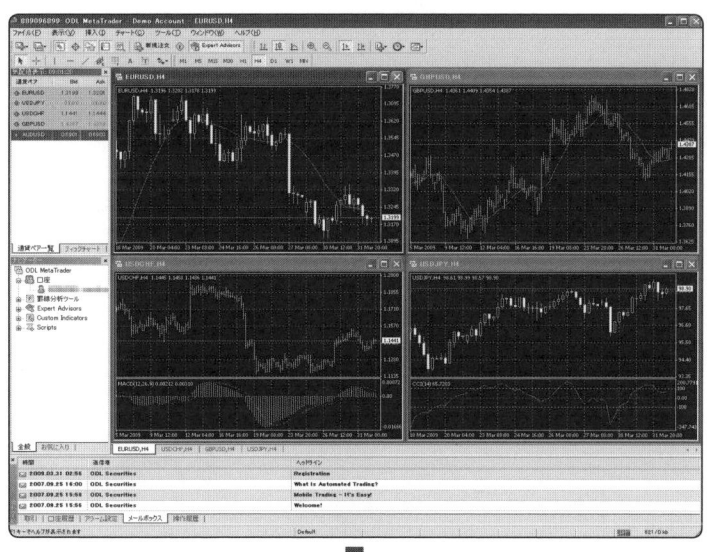

同じ要領で、group7のGBPJPY、group9のEURJPY、group16のAUDJPYを表示させましょう。

メタトレーダーはFXで勝つための「最良の道具」だ

早速メタトレーダーを使ってみよう！

チャートの基本操作を覚えよう

インディケーターを大活用してテクニカル分析が自由自在！

カスタム・インディケーターで一味違った分析に挑戦！

テクニカル分析を工夫して最強の武器に！

「マルチタイムフレーム」を使えばトレンドがわかる！

しろふくろう流・必勝のトレードシステムはコレだ

フィボナッチを活用してさらにトレードの精度を高めよう

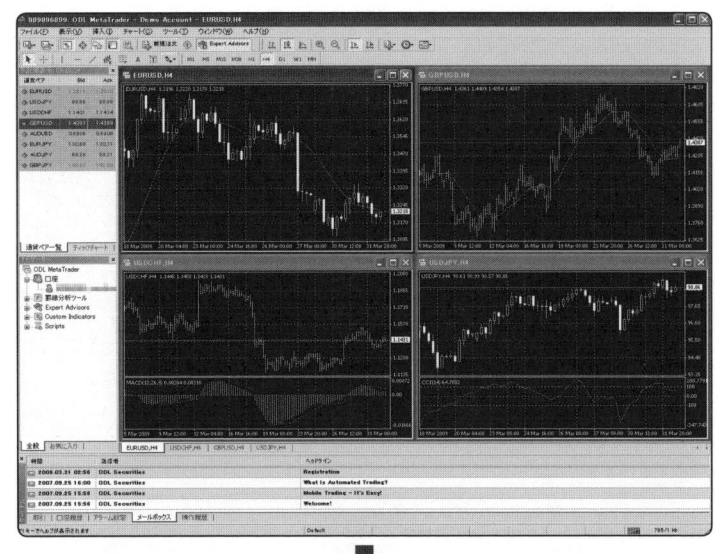

気配値表示ウインドウ内での通貨ペアの表示順は、マウスでドラッグすると簡単に場所を移動できますので、使いやすい配列に変更してみてください。

　また設定した通貨ペアの組み合わせには、名前をつけて保存することができます。

　気配値ウインドウの上で右クリックし、「表示通貨ペアの組み合わせ」→「名前をつけて保存」と選択します。

●ワンポイント・アドバイス
メタトレーダーの印刷機能

メタトレーダーで表示したチャートは簡単に印刷することができます。「ファイル」→「印刷プレビュー」でイメージを確認してから印字しましょう。また、チャート画面のみを画像データとして保存することも、「ファイル」→「画像として保存」で簡単にできます。

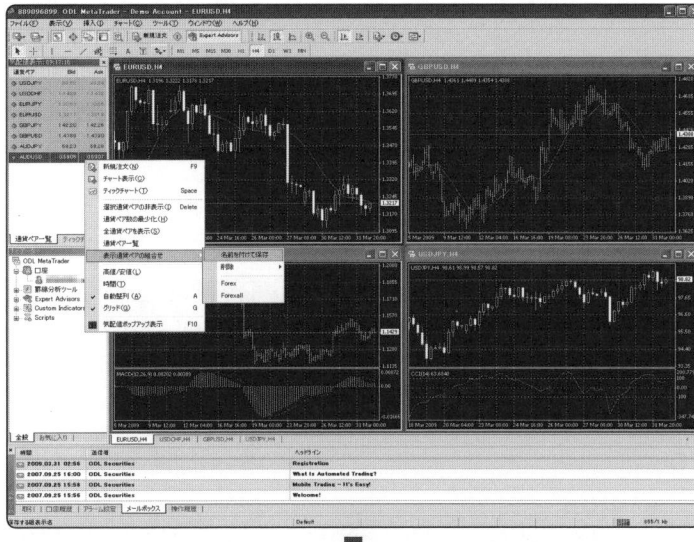

「名前をつけて保存」ウインドウが開きますので、ここでは「major8」とファイル名を入力して、保存ボタンをクリックします。

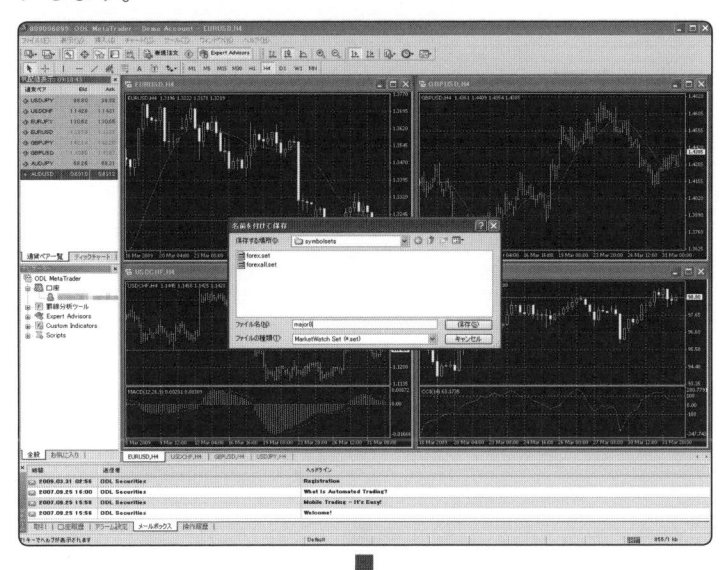

これで「表示通貨ペアの組み合わせ」に「Major8」が追加されました。

このようにして自分のお気に入りの通貨ペアの組み合わせを設定しておくと、いつでも簡単に呼び出すことができて便利です。

インストール直後のままの状態ですべての通貨ペアを表示しておくと、いざというときに自分が取引する通貨ペアを探しているあいだにトレードチャンスを逃してしまうこともあります。道具として使いやすくするために、まずはここからカスタマイズしておくとよいでしょう。

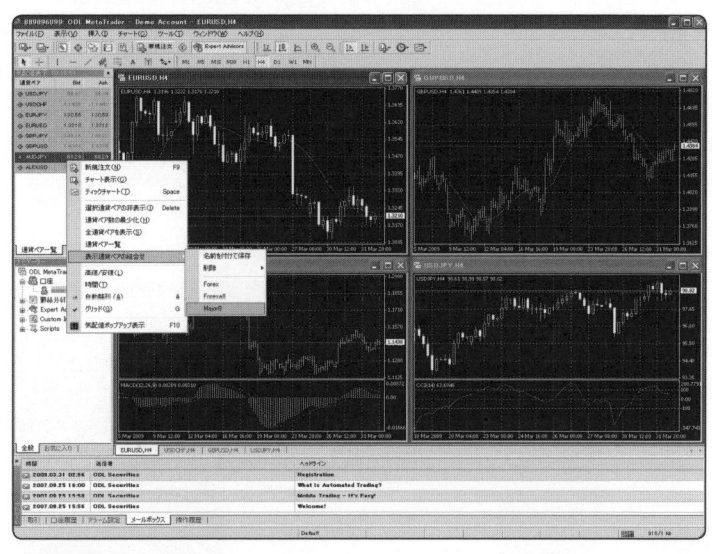

次は高値／安値の表示です。

気配値表示ウインドウの上で右クリックするとメニューがポップアップされます。そのなかの「高値／安値」をクリックすると「Bid／Ask」に加えて、今日のこれまでの「高値／安値」が表示されて便利です。

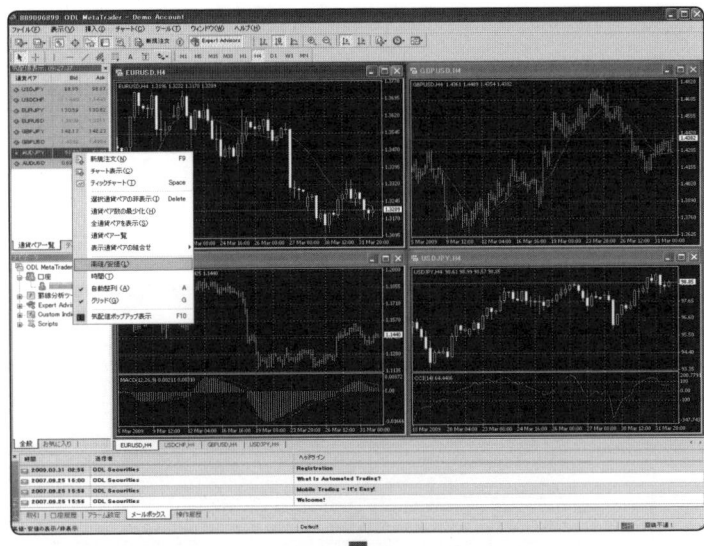

気配値表示ウインドウのなかに「Bid、Ask、高値、安値」という4つの価格が表示されるようになりましたが、ちょっと窮屈で肝心の数字が確認できませんね。

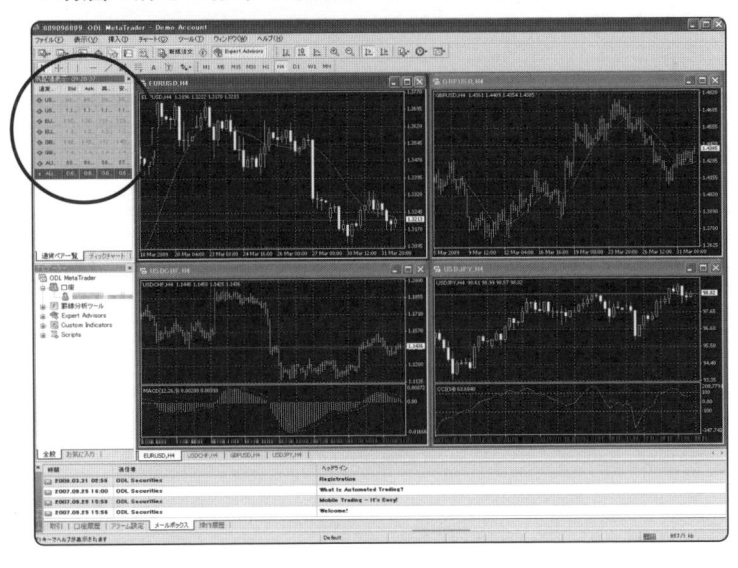

メタトレーダーはFXで勝つための「最良の道具」だ

早速メタトレーダーを使ってみよう!

チャートの基本操作を覚えよう

インディケーターを大活用してテクニカル分析が自由自在!

カスタム・インディケーターで一味違った分析に挑戦!

テクニカル分析を工夫して最強の武器に!

「マルチタイムフレーム」を使えばトレンドがわかる!

しろふくろう流・必勝のトレードシステムはコレだ

フィボナッチを活用してさらにトレードの精度を高めよう

これを改善するためには、気配値表示ウインドウとチャート境界の部分をドラッグします。こうすることにより、自由にサイズを変えることができます。

　メタトレーダーでは、同じように枠の部分をドラッグすることによって、チャートの大きさなども自由に変えることができるので便利です。

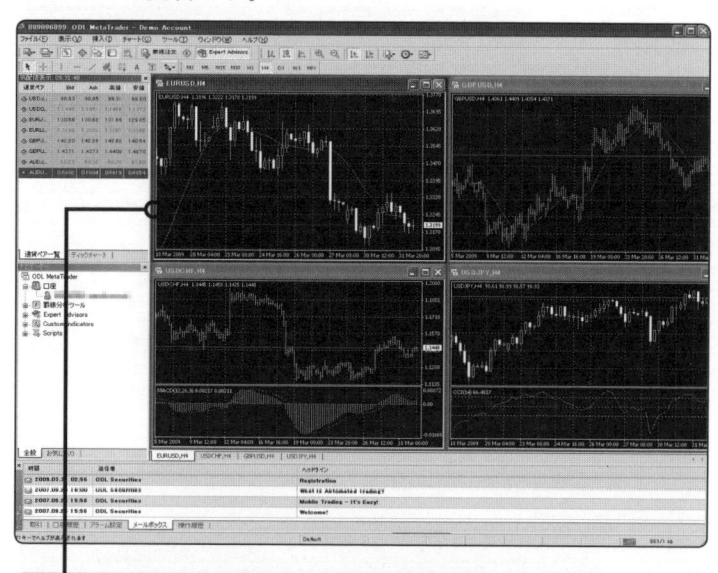

この部分を右にドラッグすると、
気配値表示ウインドウの横幅を広げることができる

Lesson 3

チャートの基本操作
(その2)

前項での「通貨ペアの追加」はうまくいきましたか？

今回のテーマは前項に比べると少しむずかしいかもしれませんが、頑張っていきましょう。

まずは前回までの作業によって、チャート画面は下のような状態になっていると思います。

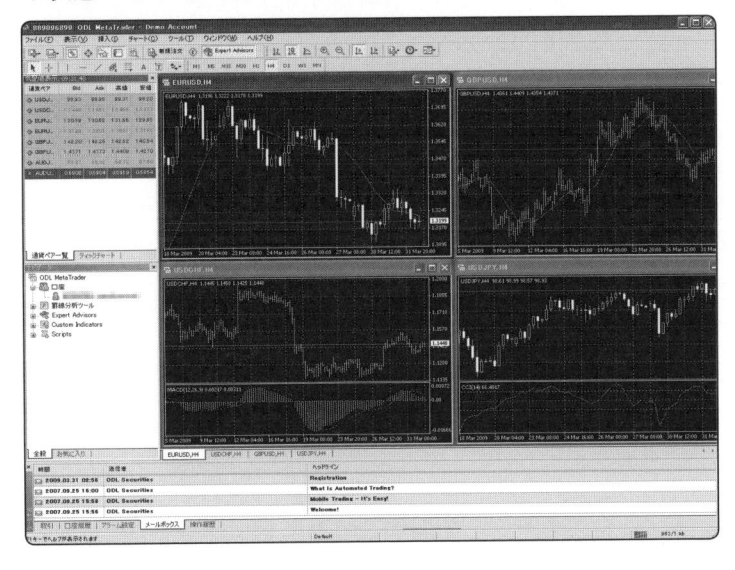

今回はこのチャートを次ページのような形に変更してみたいと思います。

メタトレーダーは
FXで勝つための
「最良の道具」だ

早速
メタトレーダーを
使ってみよう！

チャートの
基本操作を
覚えよう

インディケーターを
大活用して
テクニカル分析が
自由自在！

カスタム・
インディケーターで
一味違った分析に
挑戦！

テクニカル分析を
工夫して
最強の武器に！

「マルチタイム
フレーム」を
使えば
トレンドがわかる！

しろふくろう流・
必勝のトレード
システムはコレだ

フィボナッチを
活用してさらに
トレードの精度を
高めよう

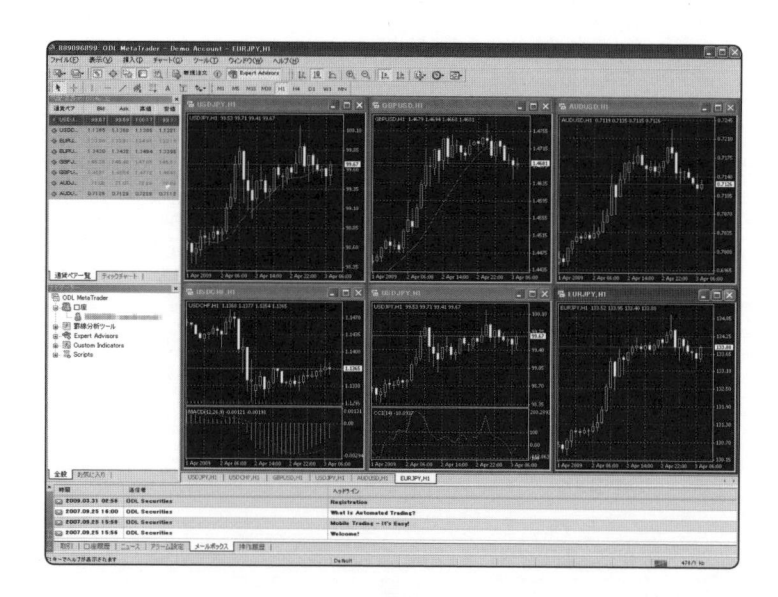

ここで覚えることは、

- ●チャートの新規追加
- ●ウインドウの分割とチャートの整列
- ●チャートの銘柄変更
- ●チャートの種類の変更 (candle／bar／line)
- ●チャートの時間軸の変更
- ●チャートのズーム機能

についてです。

　まずは新規チャートを追加してみましょう
　メニューバーから「ファイル」→「新規チャートの追加」の順に選んで、クリックします。

ここがメニューバー

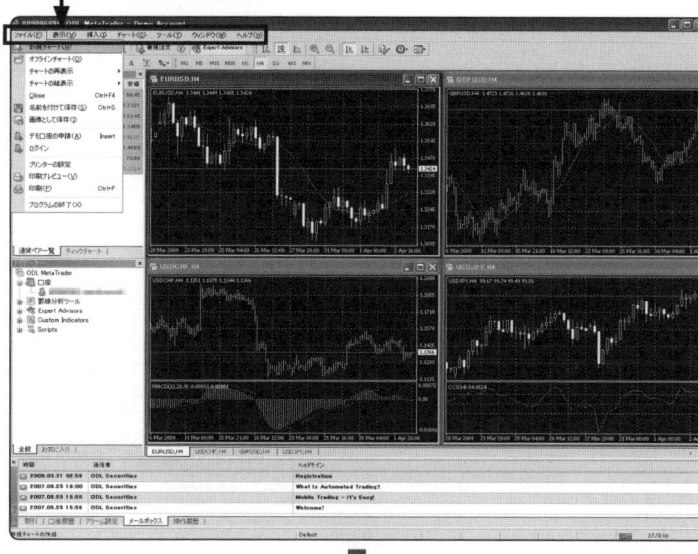

⬇

通貨ペアのポップアップが開きますので、「AUDUSD」を選択します。

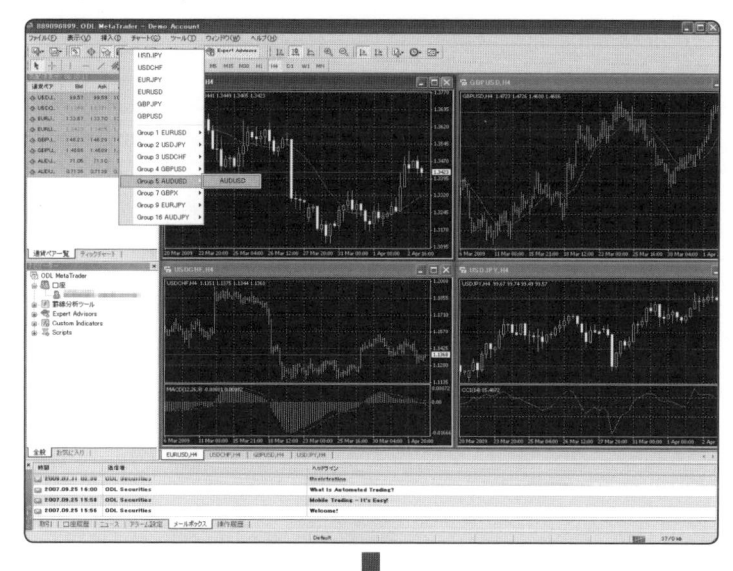

⬇

メタトレーダーはFXで勝つための「最良の道具」だ

早速メタトレーダーを使ってみよう!

チャートの基本操作を覚えよう

インディケーターを大活用してテクニカル分析が自由自在!

カスタム・インディケーターで一味違った分析に挑戦!

テクニカル分析を工夫して最強の武器に!

「マルチタイムフレーム」を使えばトレンドがわかる!

しろふくろう流・必勝のトレードシステムはコレだ

フィボナッチを活用してさらにトレードの精度を高めよう

中央にAUDUSDのチャートが追加されました。

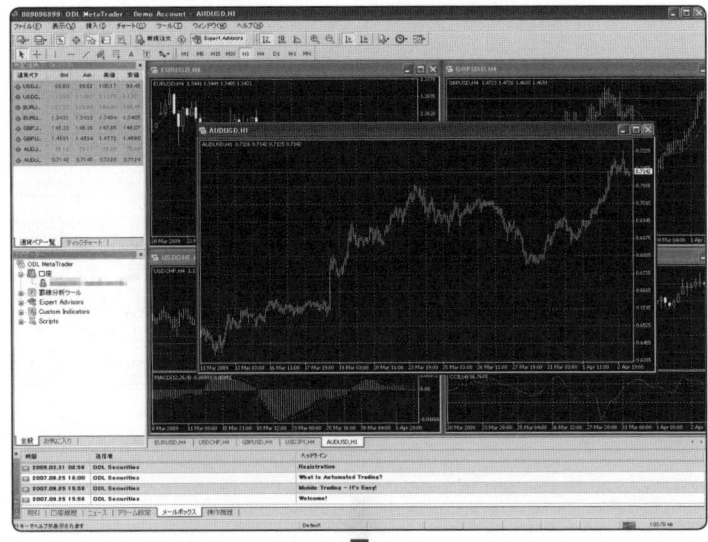

次はウインドウの分割とチャートの整列です。

さきほどと同様の操作で、EURJPYのチャートを新規につくると、AUDUSDのチャートと重なる形で、EURJPYのチャートが追加されました。

このままだと、中央にAUDUSDとEURJPYのチャートが重なって表示されていて見にくいので、これをきれいに整列させます。

メニューバーの「ウインドウ」にカーソルを合わせてクリックし、プルダウンメニューを開きます。

カーソルを「垂直分割」の上に動かして、クリックします。

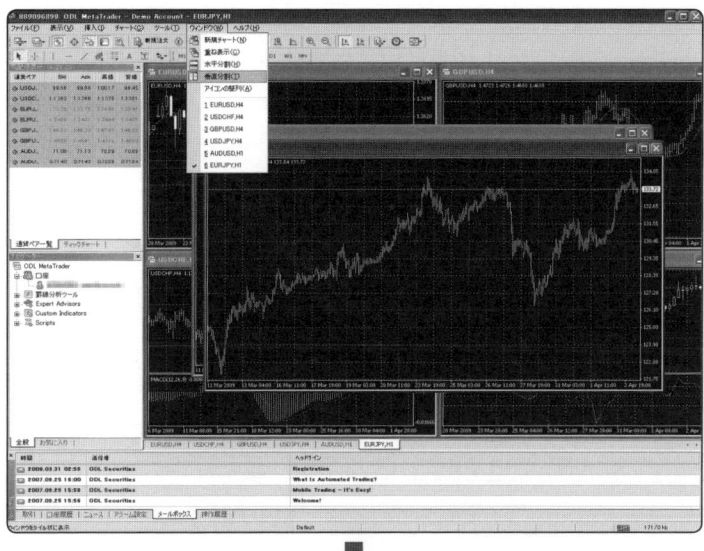

これでチャートがきれいに6分割で整列されました。

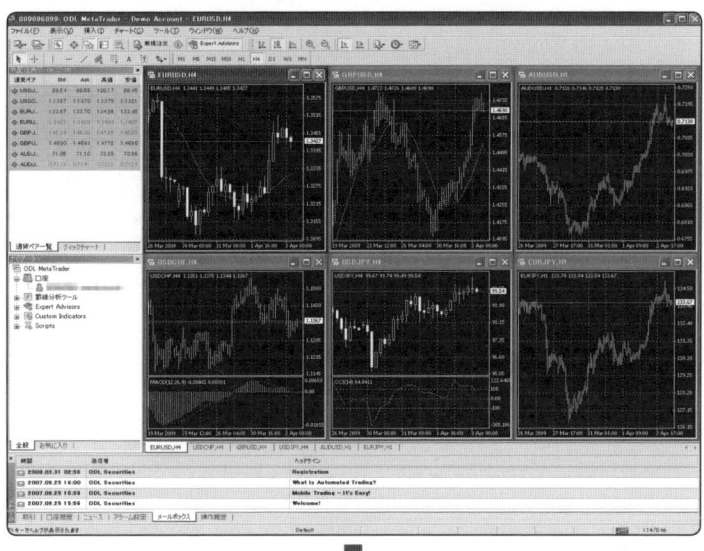

続いてチャートの銘柄変更です。この6つのチャートが表示する通貨ペアを自分が見たいものに変えていきましょう。

メタトレーダーはFXで勝つための「最良の道具」だ

早速メタトレーダーを使ってみよう！

チャートの基本操作を覚えよう

インディケーターを大活用してテクニカル分析が自由自在！

カスタム・インディケーターで一味違った分析に挑戦！

テクニカル分析を工夫して最強の武器に！

「マルチタイムフレーム」を使えばトレンドがわかる！

しろふくろう流・必勝のトレードシステムはコレだ

フィボナッチを活用してさらにトレードの精度を高めよう

まず、EURUSDのチャートをUSDJPYに入れ替えてみます。

手順としてはまず、「変更したいチャートの上にカーソルをもっていってクリック」します。これでEURUSDのチャートの周りの枠が濃い青色になって、そのチャートが選択されていることが示されます。

この先の手順がいかにもメタトレーダーらしい、直截的で使いやすいポイントなのですが、気配値表示ウインドウのUSDJPYの上でマウスをクリックした状態で、EURUSDのチャートの上にドラッグするだけで、チャートの通貨ペアがEURUSDからUSDJPYに変わってしまうのです。

EURUSDのチャートが、サクっとUSDJPYに変わりましたね。

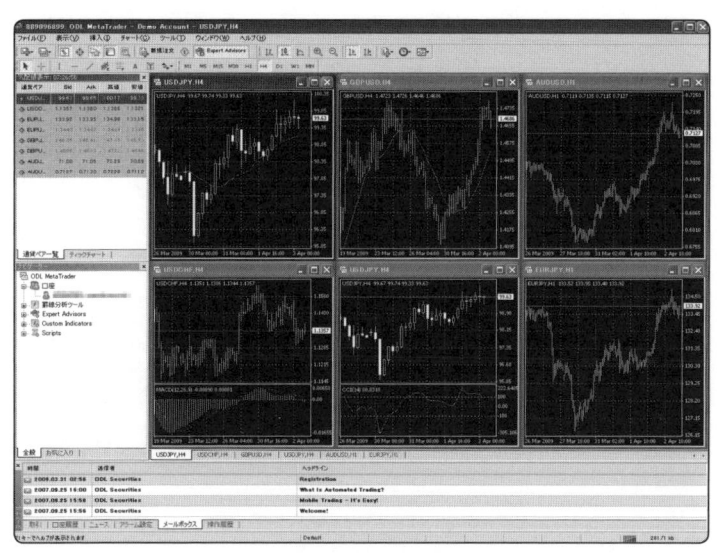

同様の手順で、下中央のUSDJPYのチャートをサクっとEURUSDに変更しましょう。

さて、現状でチャートが6つ並んでいるのですが、何かおかしいと思いませんか？

そうです。よく見ると、チャートの種類が「ローソク足（キャンドルチャート）」であったり、「バーチャート」であったりと、混ざってしまっています。これでは見にくいので、「チャートの種類の変更」によってすべてのチャートをローソク足に変更します。

チャート種類の変更の手順は、変更するチャートを選択してから、○で囲ったアイコンをクリックするだけです。左のアイコンをクリックすると「バーチャート」、真ん中のアイコンをクリックすると「ローソク足チャート」、右のアイコンをクリックすると「ラインチャート」に変更されますので、確認してみてください。

チャートの種類を変更するボタン

　すべてのチャートをローソク足に変更したら、次は「チャートの時間軸」を1時間足で統一します。
　これも非常に簡単で、変更するチャートを選択してから、ツールバーにある「H1」というボタンをクリックするだけです。お気づきだと思いますが、HはHour（時間）を示しています。ちなみに、MはMinuteで分足、DはDayで日足、WはWeekで週足、MNはMonthで月足を示していますから、ボタンの意味は左から「1分、5分、15分、30分、1時間、4時間、日足（D1）、週足（W1）、月足（MN）」となっていることになります。これもサクサクと変更できますので、いろいろと試してみてください。

時間軸を変更するボタン

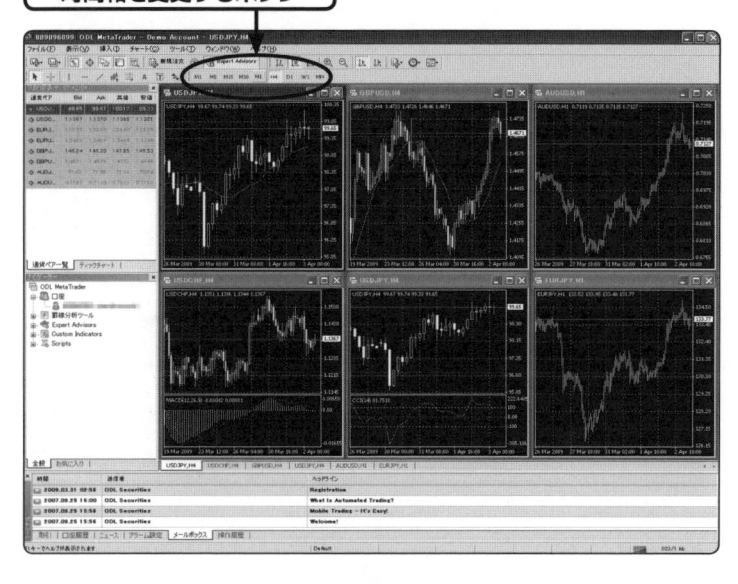

　最後に○で囲んだ「虫眼鏡アイコン」を操作してチャートの横軸の大きさを整えます（ズーム機能）。

　いろいろな通貨ペアの1時間足チャートを並列しているのに、それぞれに横軸の長さが異なっていては、見ている範囲とローソク足一本一本の大きさが異なってしまい、一目でそれぞれの値動きを比較することができません。それを統一することがズーム機能の目的です。

　ちなみに、ローソク足を選んでいるのに、バーチャートにしか見えないようなケースについても、チャートの横軸が長く、一本一本が細くなりすぎているために、そのように見えることがあります。パソコンのモニターの解像度や自分の感覚により、ちょうどよく見える横軸の大きさは異なると思いますので、ズームボタンをうまく活用して、自分の好みに合うように調整してみてください。

メタトレーダーはFXで勝つための「最良の道具」だ

早速メタトレーダーを使ってみよう！

チャートの基本操作を覚えよう

インディケーターを大活用してテクニカル分析が自由自在！

カスタム・インディケーターで一味違った分析に挑戦！

テクニカル分析を工夫して最強の武器に！

「マルチタイムフレーム」を使えばトレンドがわかる！

しろふくろう流・必勝のトレードシステムはコレだ

フィボナッチを活用してさらにトレードの精度を高めよう

ズーム機能を使用する虫眼鏡ボタン

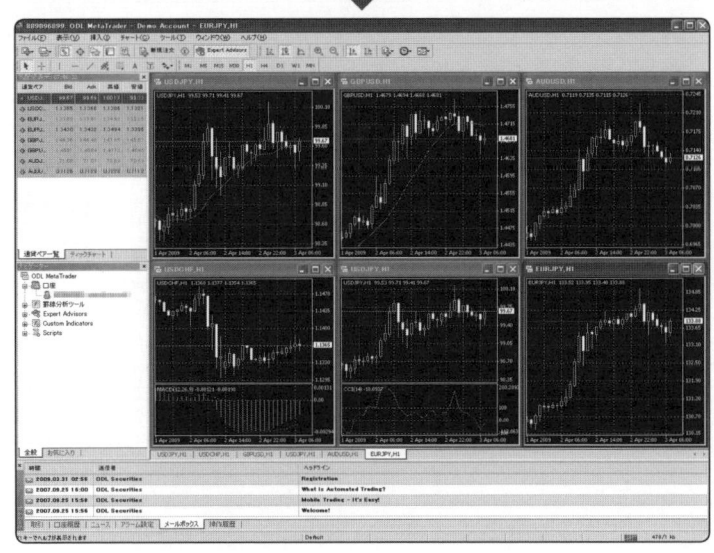

ここまでの操作はうまくいきましたか？

これでチャートの基本操作（その2）は終了です。
お疲れさまでした。

メタトレーダーを自分の道具として使いこなしていくうえで、ここで覚えた操作によってチャートを変更したり調整したりする場面が頻繁に出てくると思いますので、いちいち調べなくても操作できるように、まずはしっかりと習得してください。

　といっても、毎日メタトレーダーを使っているうちに自然と慣れてきますので、怖がらずにどんどん触ってみてくださいね。

PART 4 〈応用編〉
インディケーターを大活用してテクニカル分析が自由自在！

Lesson 1

チャートにインディケーターを追加・削除してみよう

インストールしたメタトレーダーは無事動いていますか？
　今回は、チャートにテクニカル分析用のツール（以下インディケーターといいます）を追加する作業です。
　「自分の思いどおりにテクニカル分析をしてみたい」というのは、個人投資家のみなさんがチャートソフトに求めるいちばん大切な機能でしょう。
　メタトレーダーには、標準で30種類のインディケーターが装備されていますから（version4.00 Build223時点）、これだけでも十分なテクニカル分析を行なうことができます。
　それに加えて、PART 5で解説するカスタム・インディケーターというメタトレーダーならではの独特のインディケーターや、インターネットからダウンロードできるさまざまなインディケーターなど、まさにテクニカル分析を自由自在に行なうことができるのです。
　それらのテクニカル分析を使いこなすうえで必要なのが、インディケーターの基本的な操作方法です。まずはこの章で、一緒に覚えていきましょう。

　ここではPART 3で作成した6分割のチャートの続きから始めましょう。
　今回は、MACDと移動平均線（MovingAverage）を使って、インディケーターの追加と削除をマスターします。

まずUSDJPYのチャートを選択し、○で囲んだ「最大化ボタン」を押してドル円チャートを拡大します。

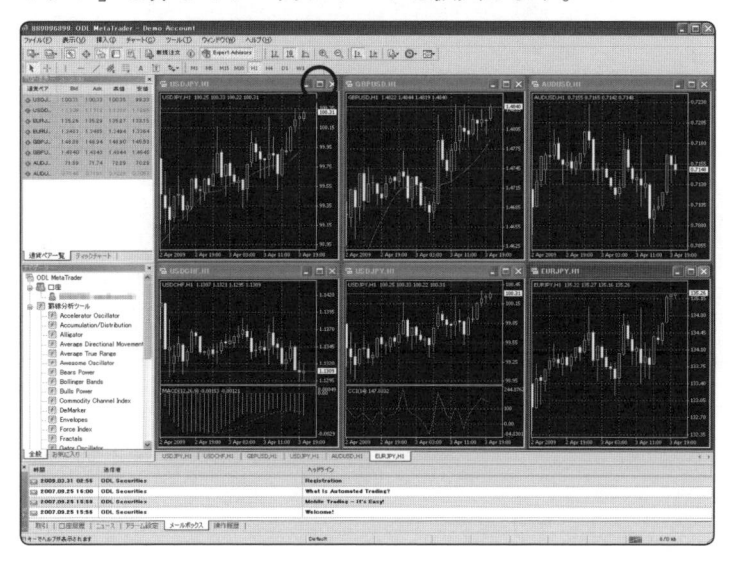

拡大されたチャートには赤色の「移動平均線」（Moving Average14期間）が表示されていると思います。

このチャートに「MACDインディケーター」を追加してみましょう。

左側の気配値表示ウインドウの下にあるナビゲーターウインドウのなかの「罫線分析ツール」の「＋」の部分を押して中身を展開します。

●ワンポイント・アドバイス
インディケーターの表示はほどほどに！

メタトレーダーを使い始めると、いろいろなインディケーターを試したくなるものです。しかし、ひとつのチャートにあまり多くのインディケーターを入れすぎると、チャートの表示が遅くなってしまいますので、注意してください。

- メタトレーダーはFXで勝つための「最良の道具」だ
- 早速メタトレーダーを使ってみよう！
- チャートの基本操作を覚えよう
- **インディケーターを大活用してテクニカル分析が自由自在！**
- カスタム・インディケーターで一味違った分析に挑戦！
- テクニカル分析を工夫して最強の武器に！
- 「マルチタイムフレーム」を使えばトレンドがわかる！
- しろふくろう流・必勝のトレードシステムはコレだ
- フィボナッチを活用してさらにトレードの精度を高めよう

ナビゲーターウインドウ

インディケーターはアルファベット順に並んでいますので、そのなかからMACDを探し、マウスで選択してそのままチャート上にドラッグします。

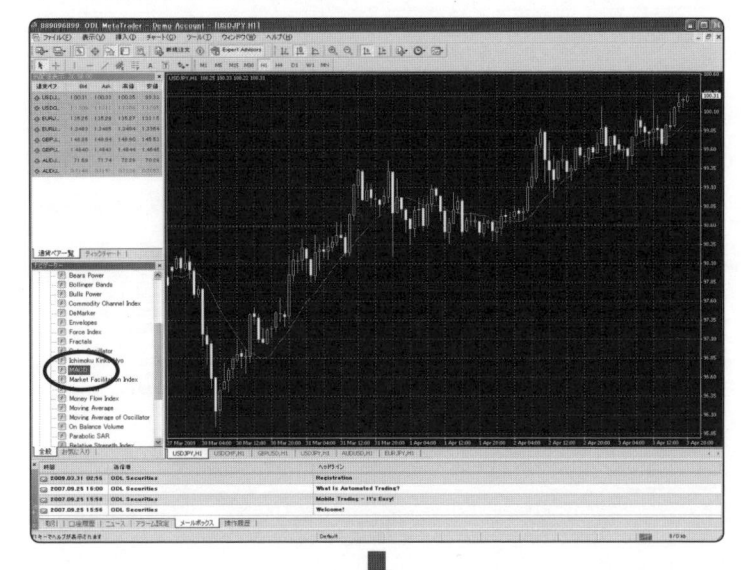

ポップアップウインドウが開きます。

ここで、MACDの期間などの設定（パラメータといいます）を変えることもできますが、それについてはLesson 2で解説します。今回はMACDの標準的な設定のままにしておきますので、そのまま「OK」ボタンをクリックします。

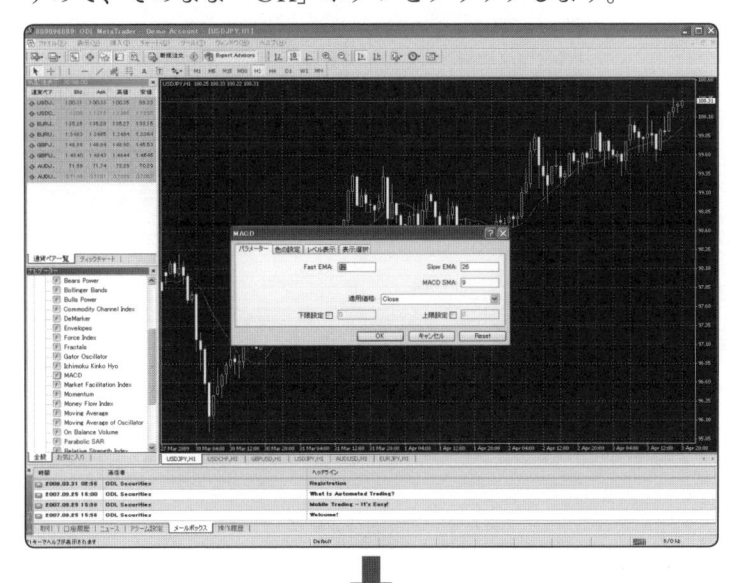

MACDがチャートの下段（サブウインドウといいます）に表示されました。

サイドバー：
- メタトレーダーはFXで勝つための「最良の道具」だ
- 早速メタトレーダーを使ってみよう！
- チャートの基本操作を覚えよう
- **インディケーターを大活用してテクニカル分析が自由自在！**
- カスタム・インディケーターで一味違った分析に挑戦！
- テクニカル分析を工夫して最強の武器に！
- 「マルチタイムフレーム」を使えばトレンドがわかる！
- しろふくろう流・必勝のトレードシステムはコレだ
- フィボナッチを活用してさらにトレードの精度を高めよう

●ワンポイント・アドバイス
テクニカル分析入門にオススメのサイト！

以下のURLはしろふくろうがおススメするサイトです。
http://www.forexwatcher.com/
チャートパターンなどテクニカル分析についてとてもわかりやすく書かれていて、非常に参考になります。

この部分がサブウインドウ

　次は逆に、チャート上にあるインディケーターを削除する方法です。インディケーターの追加と削除ができるようになれば、自分で試行錯誤しながらさまざまなインディケーターを使ってみることができることになります。

　方法は簡単です。チャート上でマウスで右クリックすると、ポップアップが開きます。そこから「表示中の罫線分析ツール」を選択します。

● ワンポイント・アドバイス
チャートの色を変えてみよう!

メタトレーダーのチャート画面は、インストール直後は黒色の背景色となっていますが、チャート上で右クリックして「プロパティー」→「色の設定」を行なうことによって、背景色やローソク足の色などを自由に変えることができます。

メタトレーダーは
FXで勝つための
「最良の道具」だ

早速
メタトレーダーを
使ってみよう！

チャートの
基本操作を
覚えよう

**インディケーターを
大活用してテクニカル
分析が自由自在！**

カスタム・
インディケーターで
一味違った分析に
挑戦！

テクニカル分析を
工夫して
最強の武器に！

「マルチタイム
フレーム」を
使えば
トレンドがわかる！

しろふくろう流・
必勝のトレード
システムはコレだ

フィボナッチを
活用してさらに
トレードの精度を
高めよう

今回は移動平均線を削除したいので、ポップアップウインドウが開いたら、そのなかから「MovingAverages」を選択して、「削除」ボタンをクリックします。

73

ポップアップウインドウのなかから「MovingAverage」が消えるとともに、チャート上からも移動平均線が消えているのを確認し、「閉じる」ボタンをクリックします。

移動平均線がチャート上から削除されていますね。

これでインディケーターの追加と削除は終了です。
　左側のナビゲーターウインドウに表示されるインディケーターについては、追加と削除の基本操作はすべて同じですので、いろいろと試してみてください。

Lesson 2
インディケーターの パラメータを変えてみよう

　今度は、インディケーターの「パラメータを変更」してカスタマイズする方法を覚えましょう。パラメータとは、「変数」のことで、たとえば移動平均であれば、9日なのか、21日なのかなど、平均線を描くための日数がこれに該当します。

　テクニカル分析を活用して自分のトレードスタイルを確立するにあたっては、どのテクニカル分析を用いるのか、そのテクニカル分析で設定するパラメータをどうするのか、という2点がいちばん大きなポイントとなりますので、しっかり使いこなせるようにしておきましょう。

　表示したチャートはLesson 1で完成させた、MACDを加えたドル円の1時間足チャートです。

●ワンポイント・アドバイス
最初は長めのチャートで練習しよう!
FXのトレードスタイルは人それぞれ違うものですが、初心者の方は、まずは1時間足のチャートぐらいからじっくりと始めるのが良いと思います。短い足のチャートになるほど臨機応変な判断や対応が求められますから、まずは長めのチャートで基本をマスターしましょう。

インディケーターを
大活用してテクニカル
分析が自由自在！

　このチャートに「20期間のEMA」（指数平滑移動平均線 Exponential Moving Average）を表示したいと思います。

　まず左側にあるナビゲーターウインドウのなかから「Moving Average」を選択し、チャート上にそのままドラッグします。

　ポップアップが開きますので、今回は期間を「14」から「20」に、スタイルで線の色を「赤色」から「水色」に、線の太さを「太く」に変更してみます。

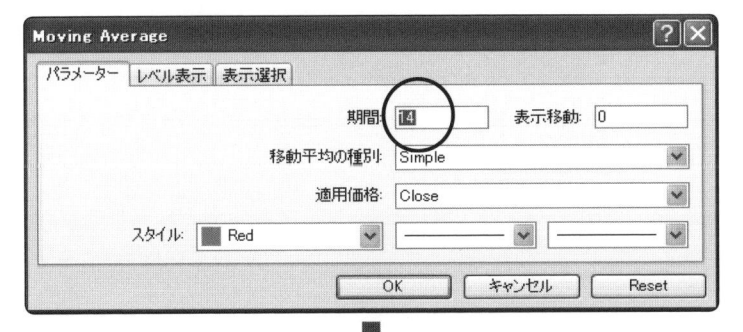

最初に、「期間」に直接半角で「20」と入力します。次に、「スタイル」の○で囲んだ部分をクリックするとカラーパレットが開きます。

　今回は真ん中よりやや左上にある「Aqua」という水色を選択します。

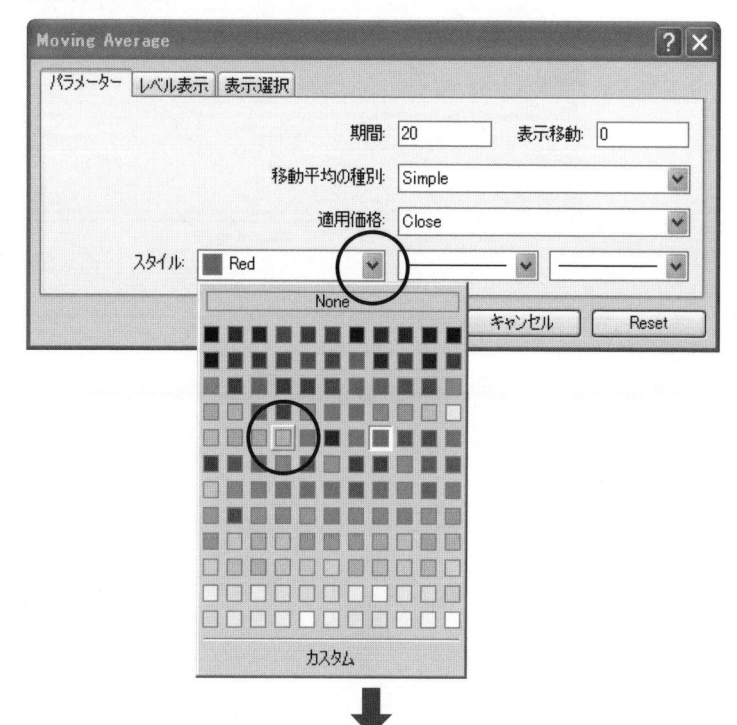

　次は線の太さの変更です。

　やはり「スタイル」の○で囲んだ部分をクリックすると、線の太さを指定するプルダウンメニューが開きます。

　上から3番目の太さの線を選択します。

ここまでの変更で、次の図のような設定になっていると思います（単行本の印刷がモノクロなので、色がよくわからなくてすみません）。

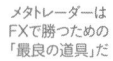

次に「移動平均の種別」の○で囲んだ部分をクリックし、プルダウンメニューのなかを、現状の「Simple」ではなく、上から2つ目の「Exponential」に選択し直します。

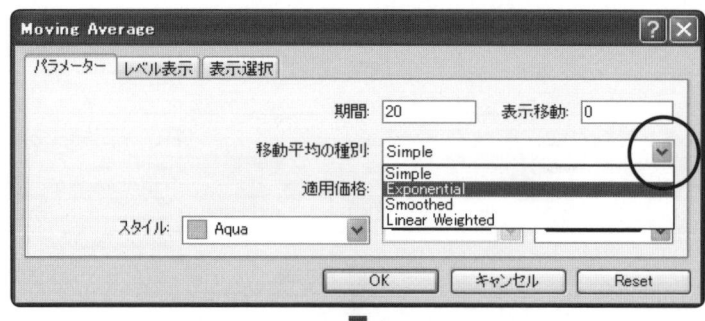

最後に「OK」ボタンをクリックしたら完成です。

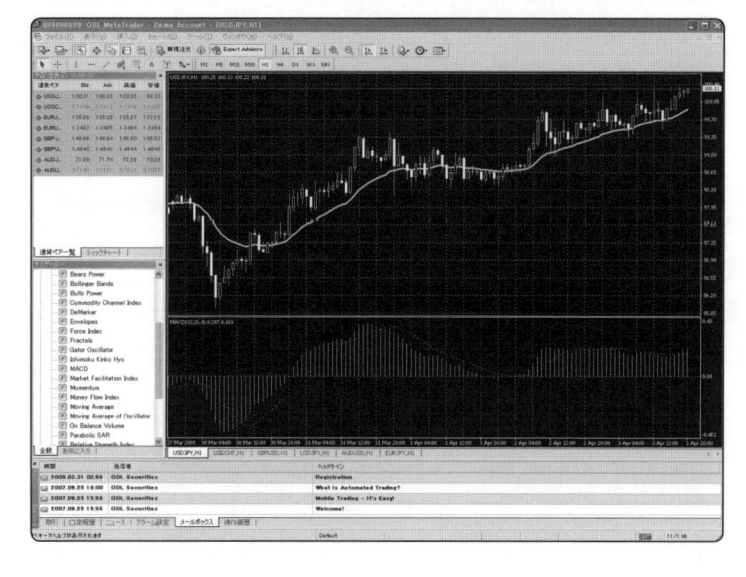

これで先ほどのMACDがついたドル円1時間足のチャートに「20期間のEMA」が書き加えられました。

なお、移動平均には、たとえば単純に過去20期間の価格の平均を出した単純移動平均のほか、20期間の価格を計算

対象としながら、直近の価格にウェートをかけた加重移動平均など、さまざまな種類のものがあります。

　ここで取り上げたEMA＝指数平滑移動平均線というのは、過去のすべての価格推移を計算対象としながら、直近の価格にウェートをかけた移動平均線のことで、個人投資家のみなさんにもおなじみのテクニカル分析であるMACDのベースになっていることでも知られています。

　詳しい計算方法や特徴などについては、テクニカル分析の専門書に譲りますが、いずれにしても、このような高度なテクニカル分析についても、メタトレーダーであれば簡単に表示して使うことができるということですね。

Lesson 3

インディケーターを
テンプレートにしよう

　いよいよメタトレーダーの基本操作も最後となりました。
　ここでは、自分の好みのテクニカル分析を設定するなど手塩にかけてつくったオリジナルチャートを、他の通貨ペアにすぐに反映できるように「テンプレート」として保存するとともに、保存したテンプレートを別の通貨ペアに反映する方法を覚えましょう。
　「テンプレート」というのは雛形という意味で、メタトレーダーの非常に便利な機能の一つです。
　独自のチャートの形式をテンプレートとして保存しておくことにより、他のチャートにもそのテンプレートの形式を適用して瞬時にお気に入りのチャートを表示することができるようになります。
　複雑な設定のテクニカル分析を"自分の武器"にしたい場合など、毎回毎回、チャートのパラメータ設定を行なうのは大変ですので、「テンプレートとして保存」しておくことをおすすめします。
　ここでは、先ほどつくったチャートをテンプレートとして保存してみましょう。

　まずメニューバーから「チャート」を選択します。
　プルダウンメニューが開きますので、「定型チャート」をクリックします。

次にメニューが開きますので「定型として保存」を選択しクリックします。

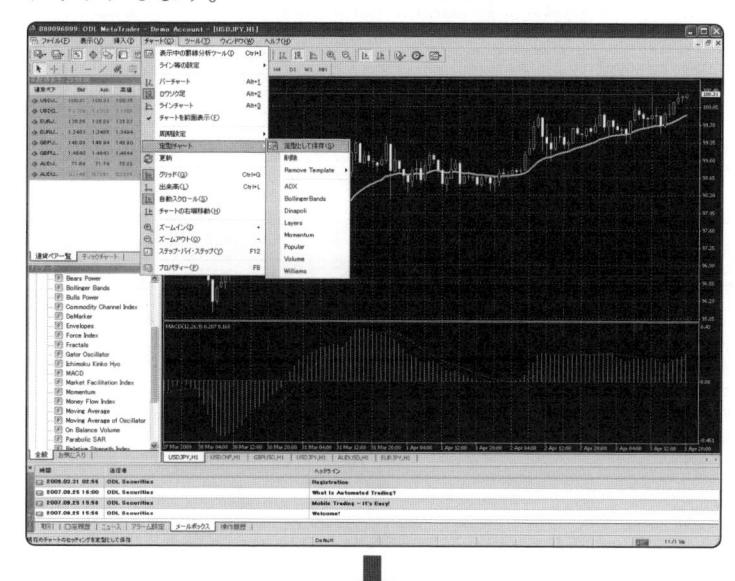

「名前をつけて保存」というポップアップが開きますのでファイル名に「基本練習」と入力し、「保存」ボタンをクリックします。

保存が完了したら、右上の「元に戻す」ボタンをクリックして、6分割の画面に戻します。

●ワンポイント・アドバイス
ネットブックでモバイルトレード!

最近流行のネットブックで、メタトレーダーが動くものでしょうか。答えは、十分使えます! 通信会社のキャンペーンなどをうまく利用すれば、パソコン本体を結構安く手に入れることができますから、ネットブックでモバイルトレードというのもありですね。

「元に戻す」ボタン

このような6分割の形にもどったら、今度はすべてのチャートに先ほどの「練習」テンプレートを反映させてみましょう。

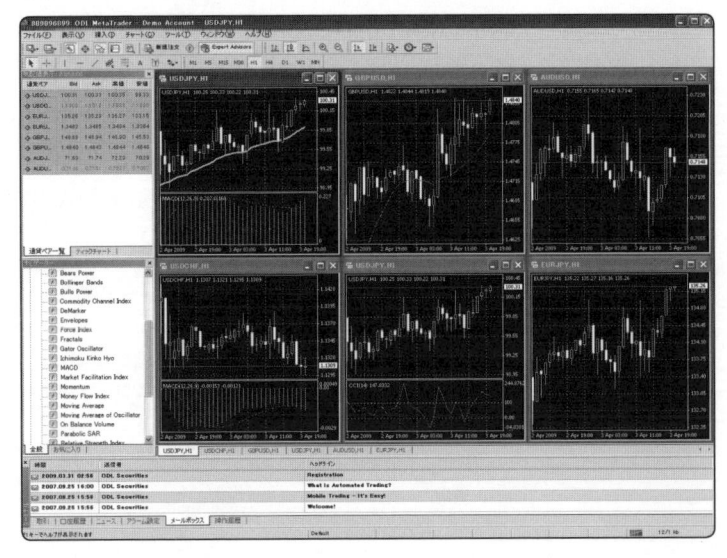

ドル円の右にあるGBPUSDチャートを選択します（チャートの上にカーソルを移動させて、クリックするとチャートの周りが濃い青色に変わって、そのチャートが選択されたことが示されます）。

メニューから「チャート」をクリックすると、プルダウンメニューが開きますので、「定型チャート」を選択します。

さらに横にメニューが開きますので「基本練習」という、先ほどつけた名前を選択します。

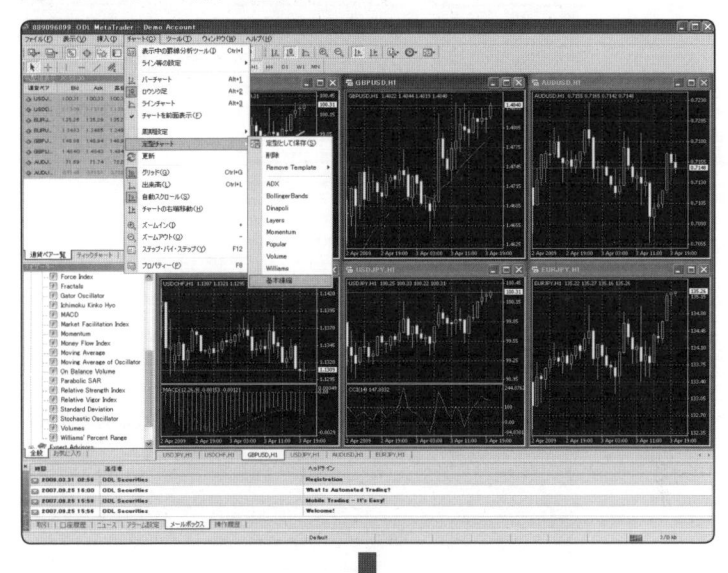

たったこれだけの操作で、GBPUSDのチャートに、先ほどのドル円チャートと同じ、「MACD」と「20EMA」がサクッと書き加えられました。

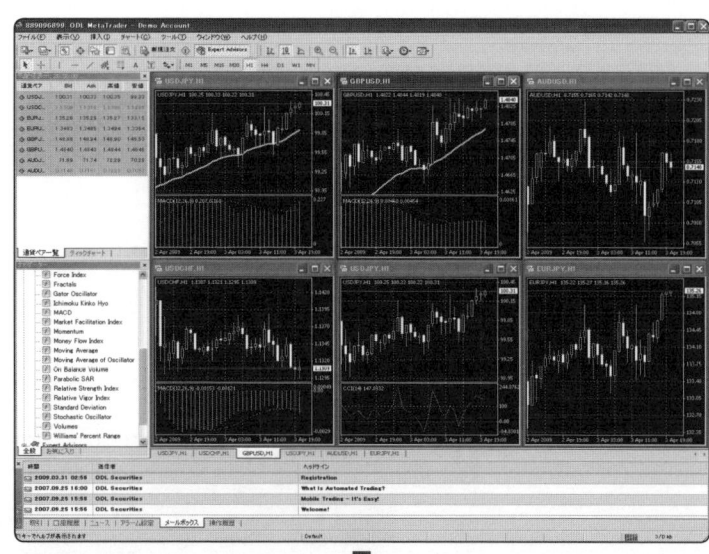

同様に残りの4つのチャートにも「基本練習」テンプレートを適用していきます。

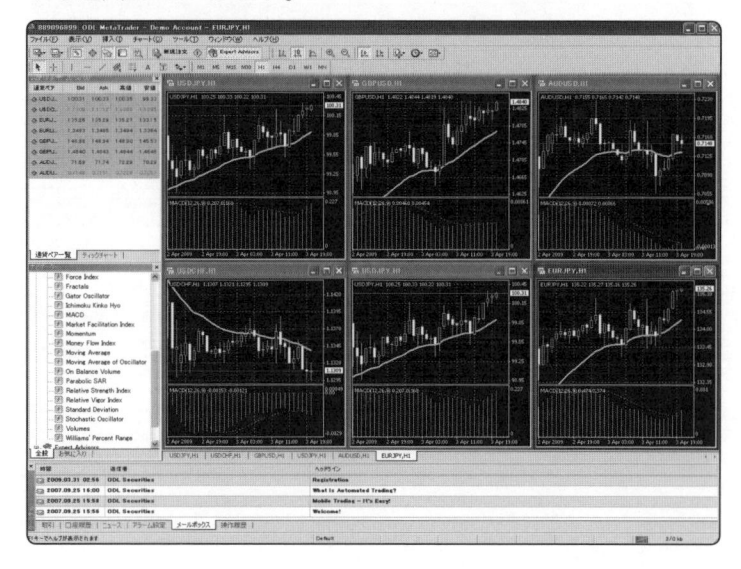

6つの通貨ペアのチャートに、「MACD」と「20EMA」が書き加えられて、等しい条件で値動きを比較できるようになりました。これで6つの通貨ペアについて、同時に同じ条件で比較できるオリジナルのチャートの完成です。

　ここまでの方法を応用して、通貨ペアの選択、チャートの形や時間タームの選択、そこにどのようなテクニカル分析を適用するのか、適用するテクニカル分析のパラメータの設定はどうするのかなど、一通りの操作はできると思います。練習も兼ねて、ぜひともいろいろと試行錯誤しながら自分だけのオリジナルチャートをつくってみてください。

COLUMN 組の保存を使いこなそう

メタトレーダーでいろいろとチャートをつくっていくと、いろいろなテンプレートを反映したものを組み合わせたチャートができるようになります。

このチャートの組み合わせ（画面全体）を「組」といい、組もテンプレートと同じようにいくつも保存することができます。

組の保存の仕方も簡単です。画面の下の部分（ステータスバーとよびます）の、「Default」をクリックすると、ポップアップが開きます。

次に「名前を付けて保存」を選択しクリックします。

ステータスバーの「デフォルト」ボタン

「チャート組表示の保存」のポップアップが開きますので、「mychart」※と入力し、「OK」ボタンをクリックします。

※組の名前については、全角文字だと文字化けすることがあるため、半角英数字を使うようにします

ステータスバーを確認すると「mychart」に変わっています。また、クリックしてポップアップを開くと組のなかにmychartが表示されていると思います。

このようにしておけば、組を選択することにより、瞬時にチャートの組み合わせ全体をまとめて変更することができます。たとえば、「通貨ペアごと」とか「時間軸別」などで組をつくっておくと便利ですね。

PART 5 〈応用編〉
カスタム・インディケーターで一味違った分析に挑戦！

Lesson 1

カスタム・インディケーターって何?

　PART 4までの作業で、メタトレーダーの基本的な使い方はマスターできたことと思います。PART 5からはやや応用編に入ります。

　PART 4ではメタトレーダーでテクニカル分析を行なうために、インディケーターを活用する方法を覚えました。ここではそれをさらに一歩進めた活用法について解説します。

　メタトレーダーで使用するインディケーターには、PART 4で解説した標準インディケーターのほかに、カスタム・インディケーターというものがあります。

　メタトレーダーをインストールすると、標準で30種類のインディケーターが装備されていることは、PART 4で説明しましたね（version4.00　Build223の場合）。

　表示がすべて英語になっているので、最初のうちは戸惑うかもしれませんが、たとえば、移動平均線やRSI、ストキャスティクス、MACD、ADXなど個人投資家のみなさんがよく使う代表的なテクニカル分析の方法は、こちらで網羅されています。

　各インディケーターは、パラメータという細かな設定が可能で、期間などの設定に加え、線の太さや色などを変えることができることについても説明しました。

実はメタトレーダーでは、もうひとつのインディケーターを使えることが、大きなメリットとなっています。

それがカスタム・インディケーターというものです。このPARTではカスタム・インディケーターの活用方法に加えて、新たなカスタム・インディケーターを入手する方法（海外のサイトの紹介）などについて解説します。

左側のナビゲータウインドウの中に「Custom Indicators」と表示されているのが確認できると思います。

※本章以降で使用するメタトレーダーの画面は、チャートの背景色を白に変更したものを使っています。背景色を白にする方法は、①チャート上でマウスを右クリック、②ポップアップから「プロパティ」を選択、③「色の設定」タブの中にある「背景色」でWhiteを選択します。

次の画面は、その「Custom Indicators」を展開して表示したものです。メタトレーダーをインストールした直後で、20のカスタム・インディケーターが装備されています（version 4.00　Build223の場合）。

Customとは、直訳すると「注文の」「あつらえの」という意味になると思いますが、「特注インディケーター」といったところでしょうか。

　標準で装備されているものに加え、後で説明する方法で新たに取得または自ら制作したインディケーターは、この「Custom Indicators」の中に表示されることになりますので、覚えておいてください。

　さて、「特注とか制作」というと、なんだか急にハードルが高くなってきたように聞こえますが、安心してください。この本で解説するのは、「それを自らつくって活用しよう」ということではなく、「世界中のメタトレーダー愛好者たちがつくったカスタム・インディケーターを手に入れて大いに活用しよう」というところまでですので、むずかしい話ではありません。

ただ参考までに、「なぜ世界中のメタトレーダー愛好者たちがカスタム・インディケーターをつくることができるのか」ということについて説明しておきます。

　実はメタトレーダーには「MetaQuotes Language Editor」と呼ばれるプログラム機能が、標準で装備されています。

　これはパソコンでプログラムを書くときに使う「C言語」のようなもので、メタトレーダーのプログラムをつくるための標準言語です。

　メタトレーダー本体のソースコードは公開されていませんが、この標準言語を使って、インディケーターを簡単にプログラムできるようにサポートがなされているのです。

　そして、日本に比べてメタトレーダーを使ったトレードが盛んに行なわれている米国などでは、この標準言語でつくったカスタム・インディケーターを、自分のホームページや、メタトレーダーのコミュニティなどで、フリーで提供している人がたくさんいます。

　そういうわけで、インターネットを通じてカスタム・インディケーターをダウンロードすれば、自分でプログラムを書くことができなくても、数多くの独創的なテクニカル分析を行なうことができるというわけです。

　そしてこのカスタム・インディケーターを、どのように探して、上手に使いこなすかが、まさしくメタトレーダーを使ってトレードをする醍醐味でもあるのです。

　しろふくろうは、初めてメタトレーダーにふれる方に、メタトレーダーとインディケーターの関係を次のようにたとえて説明しています。

　ルアーフィッシングってご存知ですか？

　釣具店に行くと、魚の形をしたものやミミズのようなもの

など、いろんな色や大きさのルアーと呼ばれる疑似餌が売られています。

ルアーフィッシングでは、つり場の地形や水温などの環境に合わせてこれらのルアーを駆使してブラックバスなどにいどみます。ルアーという疑似餌を使って魚との知恵比べをするのです。

そして、ルアーがそのときの環境や魚の嗜好とぴったりと合ったときには、満足のいく釣果となるのです。

この話をトレードにたとえると、まさしく「インディケーター」が「ルアー」、そして「メタトレーダー」が「釣竿」に当てはまります。

漁場（マーケット）に合わせてルアー（インディケーター）を選びます。そして、その組み合わせがうまくいったとき、釣果（プロフィット）に結びつくのです。

FXという大きな市場で個人投資家が勝ち抜くためには、最高の道具を手に入れる必要があります。

最初に書いたように、メタトレーダーと同様の機能をもったチャートソフトは、最低でも20万円ほどするのが通常でした。

しかし、そうした高価なチャートソフトに勝るとも劣らない優れた機能を、メタトレーダーであれば誰もが無料で使うことができるのです。さあ、あとは素晴らしいインディケーターを駆使して、大物を釣り上げるだけです！

Lesson 2
「Forex TSD」に アクセスしよう

　先ほど、インターネットを通じてカスタム・インディケーターをダウンロードすれば、自分でプログラムを書くことができなくても、数多くの独創的なテクニカル分析を行なうことができる、と書きました。具体的に、どこに行けばカスタム・インディケーターを手に入れることができるのかについて、解説しましょう。

　日本ではまだまだメタトレーダーに関する情報が少ないのですが、米国のサイトなどでは、個人投資家の方がプログラムしたカスタム・インディケーターが、フリーで公開されています。

　ここではそうしたカスタム・インディケーターを入手することができる米国の代表的なサイトである「Forex TSD」（http://www.forex-tsd.com/）を紹介します。

　ここはメタトレーダーに関する情報がまだまだ少ないときに、しろふくろうが最もお世話になったサイトです。

　残念ながら日本語への対応はしていませんが、後で書くように検索機能をうまく使うことにより、豊富な情報を得ることができます。

　「Forex TSD」では最初に無料のアカウント登録が必要です。登録といっても簡単にできますので、ぜひチャレンジしてみ

てください。

①「Forex TSD」のサイト（http://www.forex-tsd.com/）にアクセスして、「Register Now!」（すぐに登録する！）をクリックします。

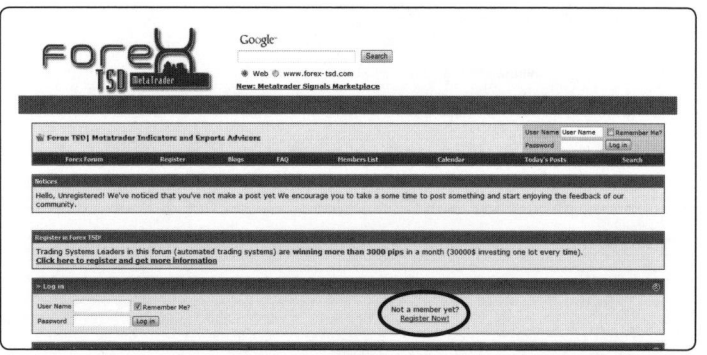

②○の部分のチェックボックスにチェックを入れ「Register」ボタンをクリックします。

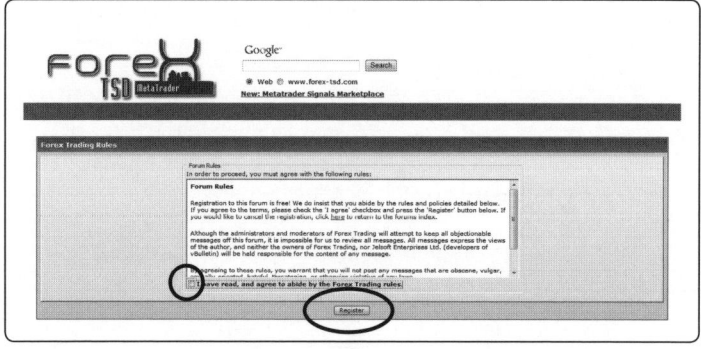

③必要な項目を記入します。
　　ユーザー名（英数半角）
　　パスワード（英数半角）×2箇所
　　Emailアドレス×2箇所

暗号化された文字を2つ（あいだにスペースを入れる）入力します。
TimeZoneでは「GMT＋9:00」を選び、「Complete Registration」ボタンをクリックします。

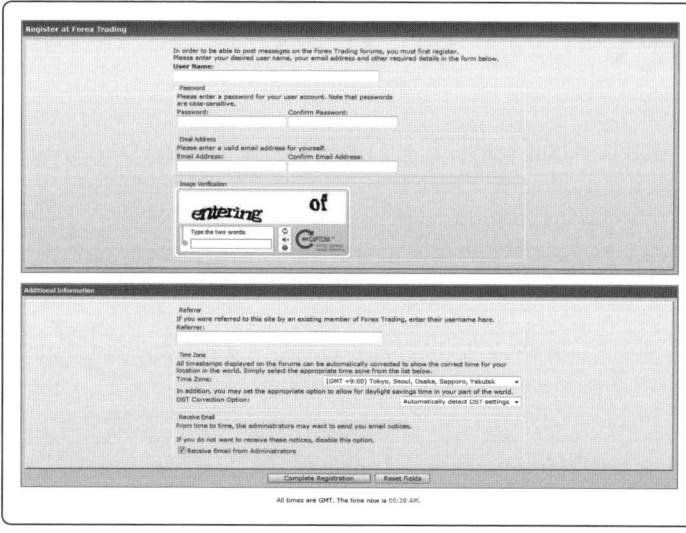

④こちらの画面が出れば登録完了です！
「(click) here」をクリックするとフォーラムに入ることができます。

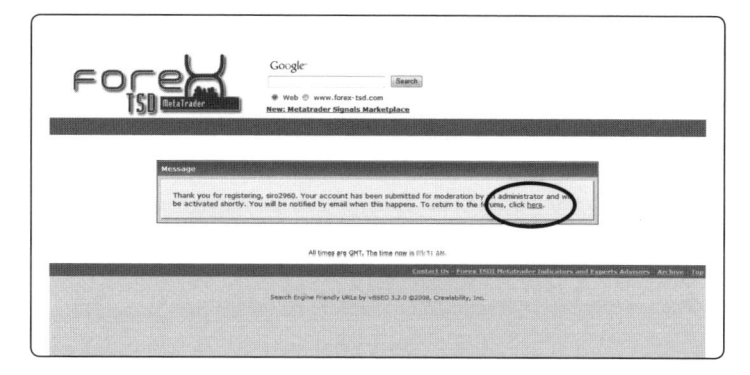

Lesson 3
これが「Forex TSD」を使いこなすコツだ

　無事に「Forex TSD」への登録を終え、アクセスに成功しましたか？
　ここでは「Forex TSD」について簡単に説明しておきます。
　ログイン後左上の「ForexForum」をクリックすると、右ページのようなページが開きます。

　「Downloads」では、「indicator」や「EA」が取得できます。EAとは、自動売買機能のことです。
　「Tradeing systems」では、いろいろなシステムトレードのロジックがインディケーターとともに「フォーラム形式」で展開されています。
　フォーラム形式というのは、1つのテーマについて、多くの人が投稿する形で展開されているものです。

　非常に情報の多い「Forex TSD」ですが、英語のサイトであることもあって、なかなか目的のものを見つけるのはむずかしいかと思います。
　そこで、メタトレーダー4のインディケーターの見つけ方を簡単にご紹介します。
　まずは先ほど登録したアカウントで「Forex TSD」にログインします。左上にある「Forex Forum」をクリックします。

Forex TSD — Metatrader Signals Marketplace

Forex Trading

Forex Forum	User CP	Blogs	FAQ	Members List	Calendar	New Posts	Search	Quick Links	Log Out

Notices
Hello, sirofukurou! We've noticed that you've not made a post yet. We encourage you to take a some time to post something and start enjoying the feedback of our community.

Trading System Results
Expert advisors leaders IN ELITE SECTION win more than 3000 pips (30000$ investing 1 lot every time) almost every month
Click here to know more about Elite Subscription

Forums	Last Post	Threads	Posts
Announcements			
Announcements Blog — Check here for what's new and important announcements about the community.	New Members introduction by epykecm Yesterday 12:39 AM	24	566
Analytics	My forecasts by EURUSD... by PICASSO Today 07:20 AM	53	2,312
Discussion Areas			
General Discussion — For any general threads.	Proposed NFA Capital... by ibi Today 05:08 PM	900	14,913
Metatrader 4 — Topics that are specific to the MT4 versions can be posted here.	Range Bar Chart on MT4 by Linuxser Today 12:12 AM	1,129	8,791
Post and compare Trades — Discussions about trades can be posted here.	GBPJPY & EURJPY Signal 90-125... by bryant Today 03:55 PM	90	4,111
Setup Questions — Questions or problems with setting up Trading Systems or Indicators can be posted here.	Bollinger Band exponential... by onetanmaz Yesterday 09:52 PM	166	1,848
Suggestions for Trading Systems — Do you have a good idea for a Trading System? Post here and we will develop it (all ideas will be evaluated first).	Follow The Bouncing Pip by tatojin Today 06:00 PM	605	26,326
Documentation — Documentation and e-books about Expert advisors and trading	Trading signals and... by alphine 04-10-2009 07:44 PM	65	737
RentaSignal Service and Elite Section Discussion — RAS service and elite section public discussion	Extended trade at RAS (ID:584) by youngcheng Today 04:07 PM	30	2,245
Non Related Discussions — Any off-topic threads can be started here.	General Inquiries and Tests. by Bo Jop 04-15-2009 06:34 PM	141	2,657
Downloads			
Indicators - Metatrader 4	ADX indicator by mtuppers Today 05:02 PM	1,180	27,617
Manual trading systems — Discussions about manual trading systems. Improve them!	TL breakout + retest by muhpopular Today 05:09 PM	62	14,665
Expert Advisors - Metatrader 4	rdb The Best Free EA by dapoland Today 05:22 PM	1,150	33,775
Tools and utilities	Multi Dynamic Trend by marc-hart Today 09:16 AM	157	3,360
Metatrader Training — Here we will have online public courses with a teacher for every section.			
Metatrader 4 mql 4 - Development course — Learn to develop your own indicators and experts advisors in Metatrader!	Missing Lessons by gonsoi Today 03:03 PM	238	3,174
Trading systems			
CatFx50	CatFx50 by oreage 04-11-2009 03:20 PM	7	8,221
Brain Systems	need opinion with my... by increase 03-26-2009 04:42 PM	19	1,264
Ema Cross	Market Prediction with EMA... by felina207 04-13-2009 12:16 AM	18	1,588
Harmonic trading	Harmonic Zigzags by DrMcDDC Today 03:23 AM	30	4,635
The "XO"-Method	ValeoFX's Trading Method... by cameroupforex Today 03:05 PM	3	2,653
Phoenix	Phoenix... by icabella 04-12-2009 06:06 AM	14	3,754
Dolly	DIN version 3.0 by life9001 04-17-2009 11:57 PM	7	3,014
Digital Filters	Jurik by faust_k Yesterday 08:39 PM	12	1,400
News/Signal Trading	Free signals update by FXCH Today 06:04 PM	38	2,872
Martingale/Average Cost and Hedging	PipMaker v1 - Price action... by huaxiadforex Today 01:56 PM	38	11,698
Brokers			
Metatrader brokers	FxOpen by kjdo Today 02:53 PM	180	8,700
Commercial systems			
Commercial Trading Systems and indicators — Do you want to try to sell your trading system? Publish it here.	Section moderated by sageEA Today 09:47 AM	41	11,483
Raw Commercial Ideas	U.) SAVIII!!! by meloo 04-07-2009 09:42 PM	26	775
Deleted Commercial Threads Presentation	Evaluate: JukaTrader EA by Kaventy 01-26-2009 06:32 AM	1	8
Evaluate Commercial Ideas	Dr. Jim Pruitt's Super MAX... by charlie in LA Today 12:48 AM	79	1,641
Programming			
Metatrader Programming	brainmaker's runtime.dll by evinasharinoem Today 03:18 PM	70	3,542

Mark Forums Read   View Forum Leaders

メタトレーダーは
FXで勝つための
「最良の道具」だ

早速
メタトレーダーを
使ってみよう！

チャートの
基本操作を
覚えよう

インディケーターを
大活用して
テクニカル分析が
自由自在！

カスタム・
インディケーターで一味
違った分析に挑戦！

テクニカル分析を
工夫して
最強の武器に！

「マルチタイム
フレーム」を
使えば
トレンドがわかる！

しろふくろう流・
必勝のトレード
システムはコレだ

フィボナッチを
活用してさらに
トレードの精度を
高めよう

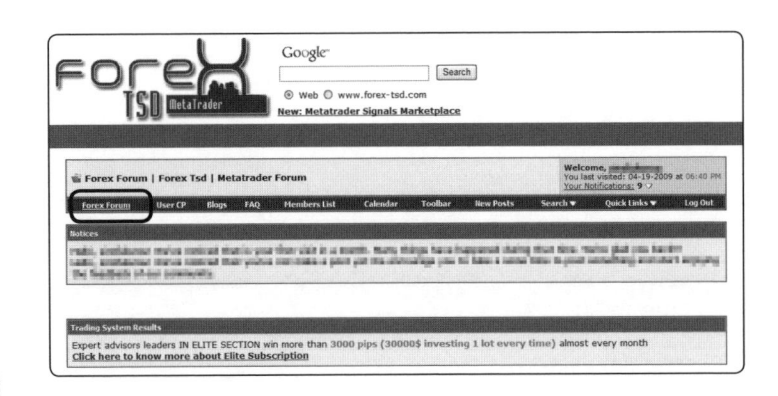

中段に「Downloads」というコーナーがありますので、「Indicators－Metatrades4」を選択してクリックします。

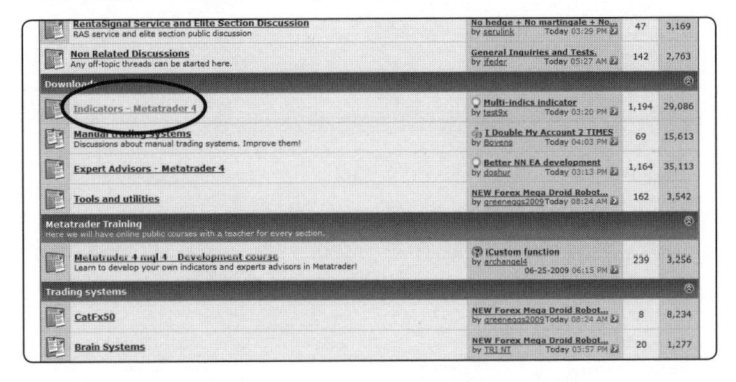

スレッド形式でいろいろなテーマに分類されています。

では上から2つ目の「Indicators with akert/signal」を選んでみましょう。

このページの見方は、

> ①Page数…ここでは259ページの情報があります
> ②添付ファイルの数…ここでは1418の添付ファイルがあります
> ③このスレッドの作者名

④スレッドの内容…英語で書かれていますが、簡単な文章が多いので、翻訳ソフトなどで見ると大体の内容がわかると思います

⑤AttachedFiles…mq4やex4ファイルなどが添付されています

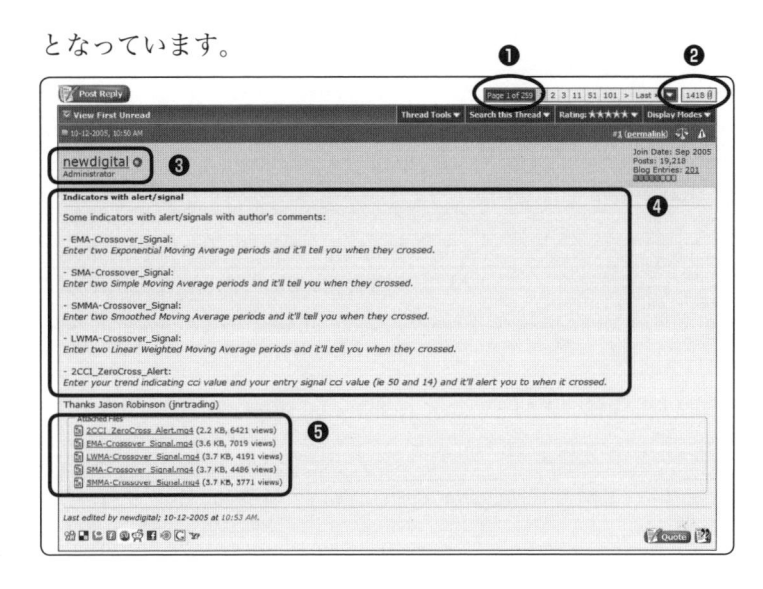

となっています。

次の画像は②をクリックしたところです。

添付ファイルのなかで「mq4」という拡張子のファイルがメタトレーダー4用のインディケーターになります。

もうひとつ、「ex4」という拡張子ファイルがあります。こちらも「mq4」というファイルと同様にメタトレーダーのインディケーターファイルですが、「ex4」のほうはプログラムの内容を見ることができないものです（112ページのコラム参照）。

また、なかには「jpg」や「bmp」などの画像ファイルもありますが、これらはこのフォーラムのなかで説明のために

使ったのものですので、無視してよいと思います。

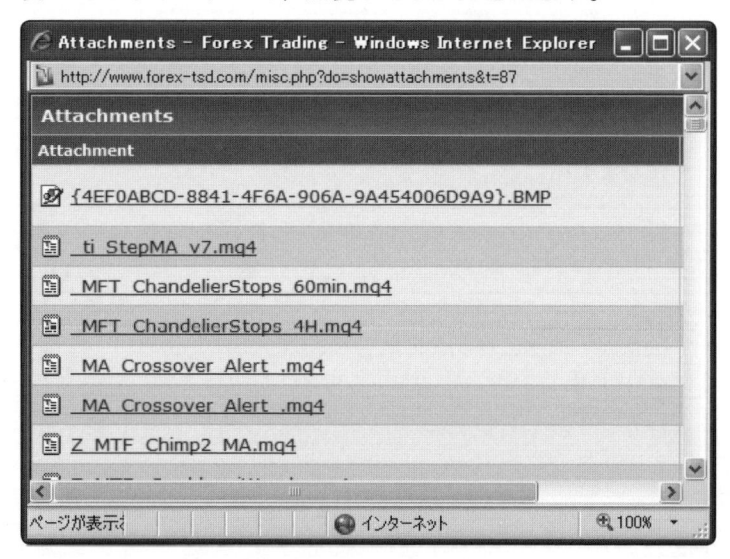

では実際に「EMA-Crossover Signal.mq4」というインディケーターをダウンロードしてみましょう。

まず、「EMA-Crossover Signal.mq4」を選択しクリックします。「ファイルのダウンロード」のポップアップが開きますので、「保存」ボタンをクリックします。

ファイルの保存場所をデスクトップ等に指定し、保存ボタンをクリックします。

「ダウンロードの完了」ポップアップが出ますので「閉じる」ボタンを押して終了します。

デスクトップに「EMA-Crossover_Signal」という黄色い「！」マークのついたファイルができていると思います。

あとは次のLesson 4で説明するように、インディケーターを所定の場所にインストールしてメタトレーダーを再起動すれば「Custom Indicators」の中に「EMA-Crossover_Signal」が表示されて、使えるようになります。

以上、ここでは「Forex TSD」からインディケーターをダウンロードする方法について簡単な解説を行ないましたが、メタトレーダーに関する情報はインターネット上でもどんどん増えていますので、興味をもたれた方はいろいろと調べてみると面白いと思います。

COLUMN 「Forex TSD」とEA

「Forex TSD」ではパート1で解説した「Expert Advisors」(EA)という自動売買用のプログラムも無料で紹介されています。

とにかくものすごい数がありますから、どれがいいのか迷ってしまいますが、参考にするとよいのは「Rating」という「☆の数（5段階）」の表示です。Ratingの高いものは人気があるということですので、ダウンロードして試してみると面白いかもしれません。

有料のEAを購入したり本格的に自動売買をスタートする前に、ぜひこうした無料のEAを用いて自らバックテストなどを行なってみることをおすすめします。

Lesson 4
カスタム・インディケーターをインストールする方法

　メタトレーダーを使いこなしていくうえで、最初の難関が、取得したカスタム・インディケーターをメタトレーダーに反映させる「インストール」です。

　しろふくろうは、これまで多くの方にメタトレーダーを紹介してきましたが、ほとんどの方が最初につまずくところが、カスタム・インディケーターのインストールなのです。

　しろふくろう自身も、初めてメタトレーダーにカスタム・インディケーターをインストールする際は、何度も間違えて上手く表示されず、それこそ何日も悩みました。専門の書籍もありませんから、苦労してインターネットで検索し、解決方法を探しあてたときはとても嬉しかったものです。

　カスタム・インディケーターが上手く動かない原因は、このインストール時の間違いによるものがほとんどですので、まずはこれから説明する流れに沿ってトライしてみてください。

　また、取得したカスタム・インディケーターが上手く動かないときは、もう一度、これから説明する内容をひとつずつご確認ください。

　図解を交えてできるだけわかりやすく解説しますので、頑張っていきましょう。

今回はメタトレーダーにカスタム・インディケーターをインストールする練習のために、サンプルとなるカスタム・インディケーター「indi_pac1」を準備しました。

次のURLにアクセスして、まずはインディケーターをダウンロードし、デスクトップ等に保存してください。

> http://sirofukurou.cocolog-nifty.com/FX_book/

サイトにはパスワードがかけられていますので、

> ID : mt4_fun
> PWD : zx1bq1

を入力しログインしてください。

ダウンロードはとりあえずデスクトップにでもしてください。ファイルは圧縮されていますから、解凍してくださいね。

さて、サンプルとなるカスタム・インディケーターの解凍済みのファイルをデスクトップに置くことに成功したら、いよいよインディケーターのインストールに入ります。

ダウンロードして解凍したカスタム・インディケーターのファイルを入れる場所ですが、

Cドライブ
⬇
Program Files
⬇
ODL Meta Trader4（ダウンロードしたFX会社名がつきます）
⬇
experts

↓
indicators

となります。

すでに混乱してきたかもしれませんね、では早速図解を交えて説明してみたいと思います。

スタートメニューから「マイコンピュータ」を開いて、「ハードディスクドライブ」の「ローカルディスク（C）」を選択し※、ダブルクリックします（画像はWindows XPの場合）。

※PART 2でメタトレーダーをダウンロードした際、何も変更しなければ、ローカルディスク（C）のなかの「Program Files」という名前のフォルダにメタトレーダー4がインストールされています。以下はそれを前提とした説明になっています。

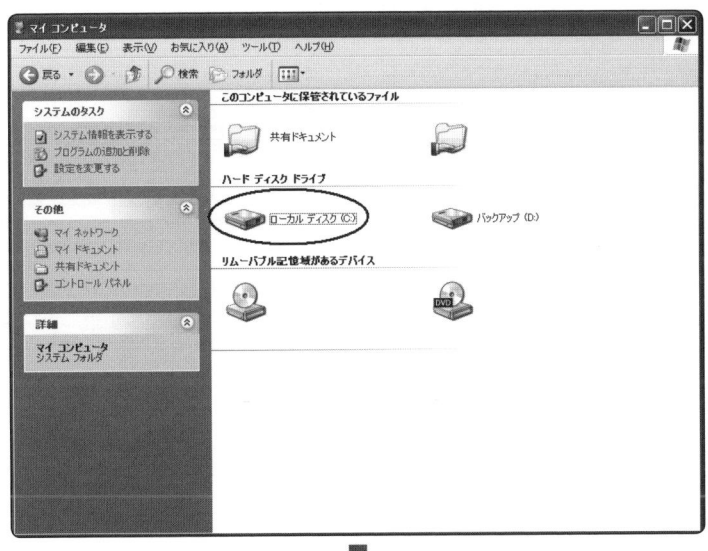

↓

「Cドライブ」を開いたら、次に「Program Files」という

名前のフォルダを選択し、ダブルクリックします。

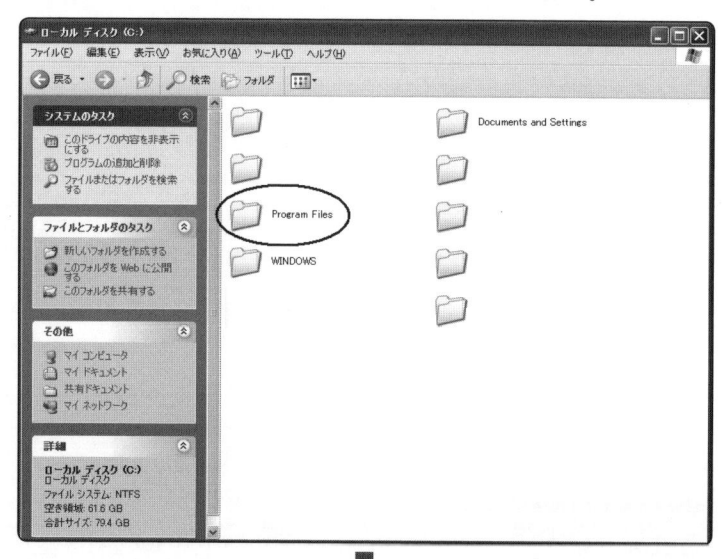

次に、「ODL MetaTrader4」という名前のフォルダを探し、ダブルクリックします（フォルダはアルファベット順に並んでいます）。

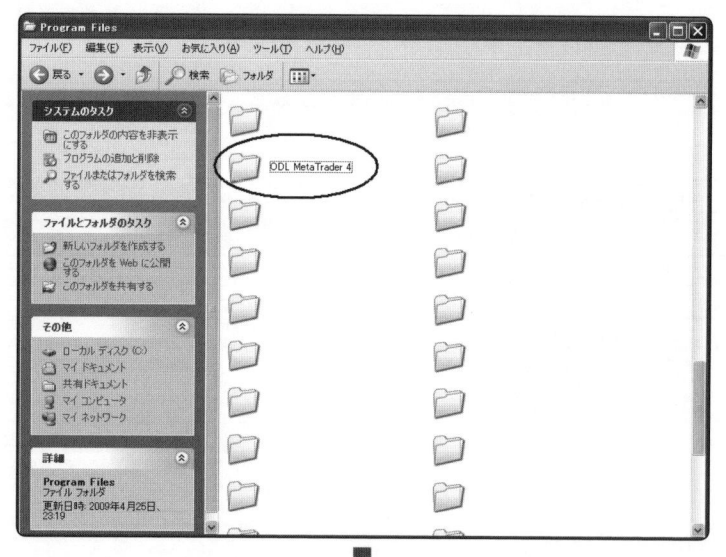

「Experts」という名前のフォルダを選択し、ダブルクリックします。

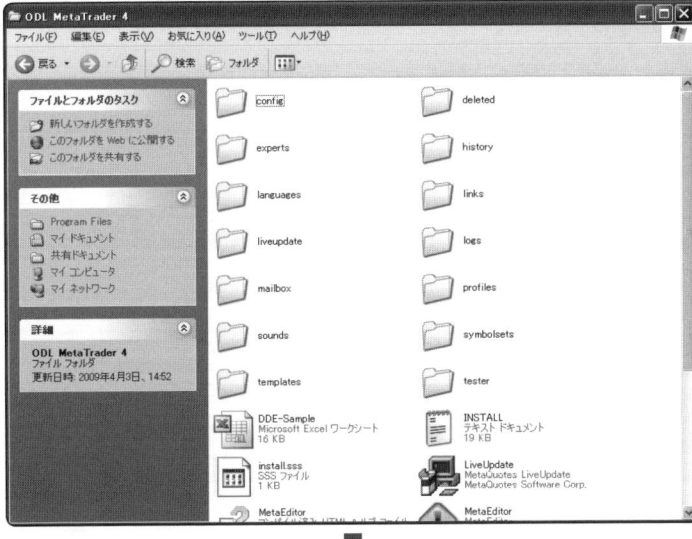

次に、「indicators」という名前のフォルダを選択し、ダブルクリックします。

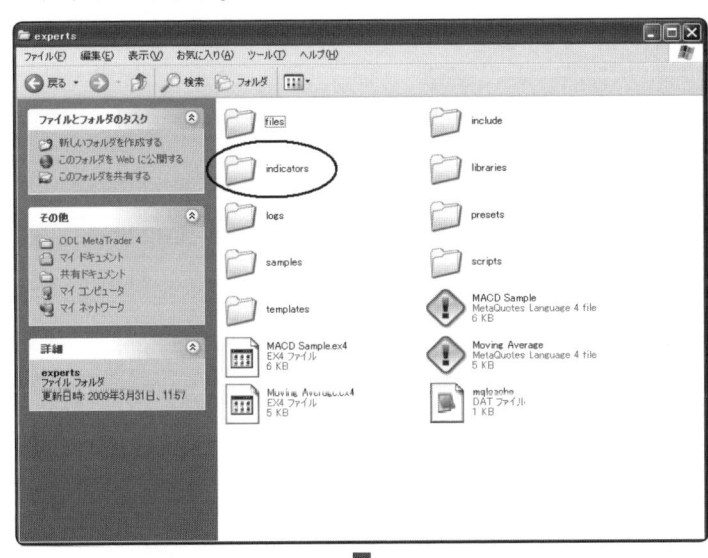

先ほどダウンロードしたインディケーターを保存したフォルダを開き、「indicators」フォルダに5つのファイルすべてをドラッグします※。

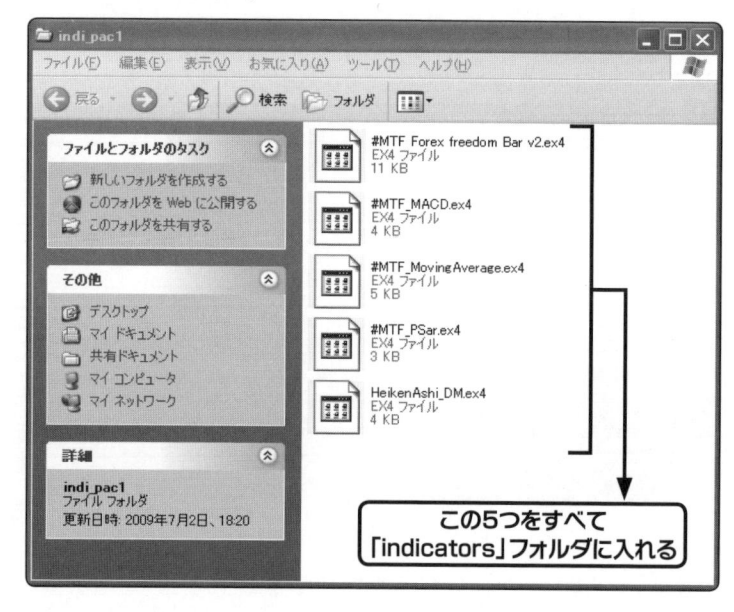

以上でインストールは完了です。

フォルダをすべて閉じて、メタトレーダー4を起動させてください（インディケーターやテンプレートを追加したときは再起動が必要です）。

※「indicators」フォルダにファイルをドラッグする際は、ダウンロードしたファイルのみを移動してください。
以前問い合わせをいただいた方で、ダウンロードした「フォルダ」をそのまま「indicators」フォルダの中に移動してしまったケースがありました。そうなっていると、メタトレーダーがそのインディケーターを認識することができませんので、注意してください。

メタトレーダーを起動して、ナビゲーターウインドウにあ

る「Custom Indicators」の中に、先ほどインストールした5つのインディケーターの名前が表示されていれば、インストールは成功です。

　もし、「Custom Indicators」の中に、新たに導入したいインディケーター名が表示されていないときは、保管場所が間違っている可能性が高いと思われます。ここに書いた手順どおりの場所に保管されているか、再度確認してみてください。

　ここまでの手順を覚えておけば、いろいろなカスタム・インディケーターを取得して、簡単に自分だけのオリジナルのチャートシステムをつくることができるようになります。

COLUMN ファイルの拡張子について

　パソコンのファイルには、拡張子というファイルの種類を表す記号がついています。
　ファイル名の最後に「.」(ピリオド)で区切られた3文字の半角文字が通常ついています。
　たとえば、「xls(エクセルファイル)」「txt(テキストファイル)」「doc(ワードファイル)」といった具合です。
　メタトレーダーのインディケーターには「mq4」という拡張子がついています。そして、もうひとつ「ex4」という拡張子がついたものがあります。
　「mq4」も「ex4」もいずれもメタトレーダーで使うことができるファイル形式です。
　ダウンロードした「mq4」ファイルをメタトレーダーにインストールすると、まったく同じ名前で拡張子のみ「ex4」という名前のついたファイルが自動的に生成されます(コンパイルといいます)。
　「mq4」ファイルはメタトレーダーに付属のプログラムソフト「MetaEditor」でプログラムの内容を見ることができますが、「ex4」ファイルはファイルの中見を見ることができません。
　たとえば有料のEAなどで内部を公開しないものなどは、「ex4」ファイル形式で配布しているものもあります。
　とりあえず、メタトレーダーでは「ex4」と「mq4」のファイルが使えるということを覚えていただければと思います。
　また、PART 6で解説するテンプレートファイルにも、インディケーターと同様に拡張子と呼ばれるファイルの種類を表す記号がついています。
　テンプレートファイルの拡張子は、「tpl」です。
　以上をまとめると、メタトレーダーで使うファイルの拡張子は次の3つになります。

> インディケーターファイル………「mq4」または「ex4」
> テンプレートファイル………「tpl」

PART 6 〈実戦編〉
テクニカル分析を工夫して最強の武器に！

Lesson 1

パラメータを変えれば格段に使いやすくなる

　ここまで入門編として、メタトレーダーのインストール、チャートの基本操作、応用編としてインディケーターの使い方について覚えてきました。

　ここからはいよいよFXトレードで勝つための道具としてメタトレーダーをどう使いこなしていくかという実戦編です。

　PART 6ではテクニカル分析（インディケーター）の実戦的なパラメータセッティングのノウハウについて解説します。

　まずは、テクニカル分析のパラメータのセッティングのノウハウです。しろふくろうはテクニカル分析の基本は「KISS」(Keep It Simple, Stupid)（何事もシンプルにむずかしく考えないで、の略語）だと心がけています。

　以前は、ひとつのチャートにいくつものテクニカル分析指標を当てはめたりしていましたが、そうするとチャート上には線だらけで、自分がいったい何を基準にトレードしているかわからなくなるほどでした。

　いまはどのチャートでもシンプルな移動平均線を引き、どの時間軸であっても同じ期間の移動平均線を使っています。

　また、ストキャスティクスのセッティングも、今回紹介するものが為替トレードにおいては非常に使いやすいということを発見してからは、さまざまな状況においてこれを使い込んでいます。

しろふくろうの経験では、MACDのように、オリジナルの期間のセッティングをそのまま使ってもそれなりの精度をもっている場合もありますが、とりわけオシレーター系のテクニカル分析指標については、若干の調整をすることにより、格段に使いやすくなると考えています。

　以下では、そうした「若干の調整」について、考え方と具体的な方法を解説していきます。

Lesson 2

移動平均線は
こう改良する！

　もっともポピュラーなテクニカル分析指標である移動平均線ですが、実は「期間」や「線種」などの組み合わせで、いろいろなパターンが引けます。

　メタトレーダーでは、テクニカル分析の参考書などに出てくるほぼすべての種類の移動平均線に対応しています。また、カスタム・インディケーター等を活用すれば、たとえば1時間足のチャートに日足の移動平均線をプロットするというような、マルチタイムフレームの移動平均線を引くこともできます。

　移動平均線の期間に関しては、1〜∞までとくに決まりはありませんが、一般的には3〜200のあいだで設定することが多いようです。

　いろいろな期間を検証してみたところ、しろふくろうは次の期間の移動平均線をよく使います。

> 5、13、20 (21)、50 (55)、89、100、120、200

　移動平均線の線種については、メタトレーダーに標準の「MovingAverage」インディケーターでは、

> ●Simple (SMA) …単純移動平均線

●Exponential（EMA）…指数平滑移動平均線
●Smoothed（SMMA）…平滑移動平均線
●Linear Weighted（WMA）…線形加重移動平均線

の4つの移動平均線を引くことができます。それぞれの計算方法については、ここで解説するとむずかしい話になってしまいますので、興味がある方はテクニカル分析の専門書などをお読みになってください。

　移動平均線を普通に扱う場合、みなさんはどの時点の価格を平均していると思いますか？　普通は当然のように終値を使っているものです。しかし、実際にトレードをしてみるとわかりますが、たとえば終値に基づいた移動平均線のクロスサインがうまくいかないケースでも、高値と安値の中間値を使った移動平均線であればうまくいく、といったケースがあるものです。

　中間値を使うことによって1本のローソク足のなかの値動きが平均化され、ダマシにあう回数が減ったりするからです。たかが移動平均線といえども、奥が深いものですね。

　さて、メタトレーダーの場合には、移動平均線を引くにあたっても、平均する値の種類を、次の9つのなかから選ぶことができます。

●Close…終値
●Open…始値
●High…高値
●Low…安値
●Median Price（HL/2）…高値安値の中間値
●Typical Price（HLC/3）…いわゆるピボット値

●Weighted Close (HLCC/4) …終値に加重をかけた平均値
●Previous Indicator's Data
●First Indicator's Data

　ピボットというのは為替ディーラーのあいだではよく使われるテクニカル分析ですが、その値を使った移動平均というのはとてもユニークです。最後にある2つについては、いろいろと調べてみましたが、しろふくろうもいまのところ詳しい情報をもち合わせていません。

　さて、たかが移動平均線といえども、このように多数のパラメータを変更することが可能なわけですが、しろふくろうが実際のFXトレードで活用し、成果を上げているセッティングの方法をお教えします。

　それは図のようなものです。

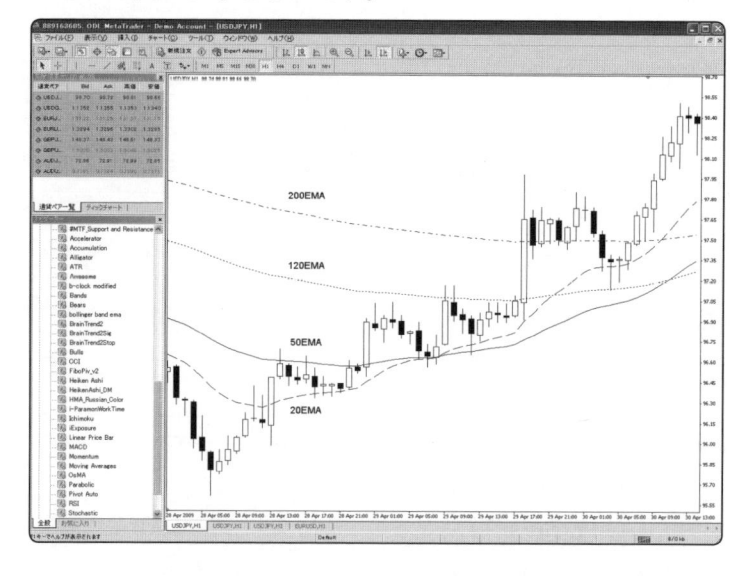

　1時間足チャート上には、20EMA、50EMA、120EMA、

200EMAの4本のEMA（指数平滑移動平均線）が引かれています。

使っているインディケーターはメタトレーダーの「罫線分析ツール」に標準で装備されている「Moving Average」インディケーターです。チャートに「Moving Average」を挿入する方法は、PART 4で解説しました。

20EMAのパラメータのセッティングをするならば、「期間」を「20」、「移動平均線の種別」を「Exponential」、「適用価格」を「Close」に設定します。

同じチャートに50EMA、120EMA、200EMAを挿入していきます。この際、「スタイル」の設定で、色や線の種類を移動平均線の期間別に変えておくとよいでしょう。

Lesson 3
しろふくろう流 移動平均線の使い方

それではこのチャートを使って、実際にエントリー、利食い、損切りのルールを説明します。

121ページのチャートでは、20EMAと50EMAがゴールデンクロス（20EMAが50EMAを下から上に抜く）したところに「↑」を付けています。ここでのエントリールールは、

- 「50EMA」より上なら「ブル（買い）」サイド、下なら「ベア（売り）」サイドとする
- 短期線「20EMA」と中期線「50EMA」がクロスした直後の「始値」で買い、もしくは売りエントリーを行なう

というものです。

121ページのチャートでは、「↑」の部分で買いの条件が揃っていますね。

一方、エグジットについては、「最高のエントリーポイント＝最高のエグジットポイント」という考え方に基づいて対応します。したがって、ロングでエントリーしたならショートエントリーの条件が発生したときに利食いもしくは損切りを執行し、ショートでエントリーしたなら、その逆になります。

121ページのチャートを見ると、下向きの「↓」のところ

で「20EMA」と「50EMA」が下向きにクロスしました。

　またその前に、50EMAをローソク足が下回っていますので、やがてデッドクロスが発生することが予想されます。エントリーは予想では行ないませんが、エグジット、とりわけ利食いの場合には、ここもエグジット箇所の候補としてよいでしょう。

　今回のチャートでは「↑」でロングエントリー、「↓」でエグジットした場合、200pt以上の利益となりました。

　このように、移動平均線はトレンドフォロー型のテクニカル分析指標ですので、トレンド発生時には有効なツールとなります。

　しかしながら、持ち合い時には、移動平均線にローソク足がまとわりつくような値動きとなりますので、ロスカットを繰り返すケースも出てきます。

　このあたりの見極めがむずかしいところですが、トレンドが出そうか否かについては、120EMA、200EMAとの関係

も見て、たとえば4本の移動平均線が順にきれいに並びそうな気配かどうか、逆に4本の移動平均線が入り乱れそうな気配かどうかなども合わせて判断したいところです。

　移動平均線は視覚的にわかりやすい指標です。短期線が中期線、長期線から離れていくタイミングを見極めてエントリーすれば、トレンドをとらえやすく、非常に有効なトレード戦術となります。

Lesson 4
しろふくろう流 ストキャスティクスの使い方

　先ほど、移動平均線はトレンドフォロー型のテクニカル分析指標で、持ち合い時は苦手と書きました。

　そこで、今度は、持ち合い時＝レンジ相場で有効なオシレータ型のテクニカル分析指標を、しろふくろう流に使いこなすノウハウについて解説します。

　まず「オシレータ（Oscillator）」の意味ですが、振り子などの振動や振幅という意味があります。

　この意味からもわかるように、オシレータ型指標の特徴は、上に「買われすぎ」、下に「売られすぎ」のゾーン（エッジバンド）を設定して、買われすぎ、売られすぎの判断をするところにあります。

　代表的なオシレータ型指標に、「RSI」（Relactive Strength Index）、「ストキャスティクス」（Stochastics）、「モメンタム」（Momentum）、「ROC」（Rate of Change）などがあります。

　しろふくろう自身は、基本的にトレンドフォロー型のトレードスタイルですが、チャートが一定の値幅で推移しているようなレンジ相場では、オシレータ型テクニカル指標として「スローストキャスティクス」を活用しています。

　まずは、しろふくろう流のスローストキャスティクスの設定をご紹介します。

　使用するのは、メタトレーダーの罫線分析ツールに標準で

装備されている「Stochastics Oscillator」です。PART 4で解説したやり方で「Stochastics Oscillator」を挿入してください。

パラメータのセッティングは、「%K period」に「15」、「Slowing」に「5」、「%D period」に「5」をそれぞれ入力します（その他は変更なしです）。

次に「レベル表示」のタブを開いて、「追加ボタン」をクリックします。

「レベル設定」に「50」と入力し「OK」ボタンをクリックします。

すると、右図のように、サブウインドウにスローストキャスティクスが表示されました（矢印は説明用に書き加えたものですので、表示されません）。

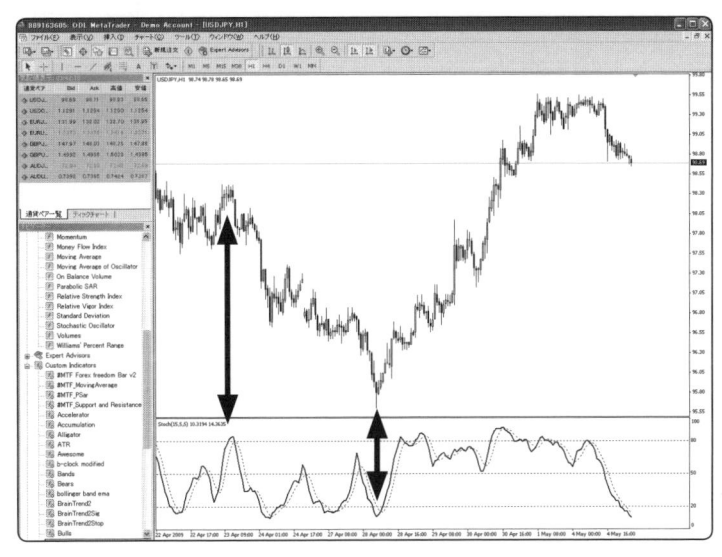

チャートを見ると、矢印の部分で相場の反転が見られ、同様にスローストキャスティクスも買われすぎ、売られすぎのところで反転が発生していることが確認できます。

具体的な使い方としては「実線」が「点線」をデッドクロスしたときには買いポジションの手仕舞い、逆に「実線」が「点線」をゴールデンクロスしたときには売りポジションの手仕舞いを検討します。

また先ほど「50のライン」（サブウインドウにある真ん中の横線）を追加しましたが、この50ラインより上にストキャスティクスのラインがあるときはブル（買い）ゾーン、下にあるときはベア（売り）ゾーンとしてトレンドの判断にも使います。

しろふくろうの経験では、「スローストキャスティクス15－5－5」は、為替チャートと非常に相性の良いセッティングだと思いますので、ぜひとも活用してみてください。

Lesson 5

テンプレートとインディケーターについて

　PART 4のLesson 3で、自分のオリジナルでパラメータを設定したチャートやテクニカル分析を、テンプレートとして保存できることについて解説しました。

　実はこの保存されたテンプレートファイルは、他のパソコンにあるメタトレーダーにインストールすることができます。ということは、テンプレートファイルをやり取りすれば、他の人がつくったオリジナルのチャートやテクニカル分析を、そのまま使うことができるということです。

　これは、「カスタム・インディケーターをインストールして使うことができる」というのと似ていますが、カスタム・インディケーターとテンプレートでは、その成り立ちが異なることに注意が必要です。

　カスタム・インディケーターというのはチャートやテクニカル分析を表示するプログラムファイルそのものであるのに対し、テンプレートというのはチャートやテクニカル分析の設定を保存したものです。

　たとえば、PART 8で解説するGMMAチャートシステムは、後で説明するように本書に付録のテンプレートをダウンロードすれば描くことができます。ただしそれは、メタトレーダーに元々搭載されているインディケーターであるEMA（指数平滑移動平均線）を利用して、その設定（本数、パラメー

タ、色の設定など）のみを保存しているということですので、仮にEMAのファイル自体がなくなってしまえば、いくらGMMAのテンプレートをインストールしても、チャートを描くことはできません。

　テンプレートとインディケーターの関係について、なんだかわかったようなわからないようなモヤモヤした気持ちになってきましたね。
　PART 5のLesson 1でカスタムインディケーターとメタトレーダーの関係をルアーフィッシングにたとえて説明しました。

> メタトレーダー（釣竿）＋インディケーター（ルアー）
> ＝オリジナルチャート

ということでした。
　しかし、釣竿に適当なルアーをつけるだけでは、上手な釣りをすることはできません。糸を巻いておいたり、仕掛けをつくっておいたりと、その他の準備が必要です。しかし、毎回釣りに行くたびに、ゼロから準備していては時間がかかってしまいますよね、メタトレーダーも毎回新しい通貨ペアのチャートをつくるたびにゼロからインディケーターをセットしたり、パラメータをいじったりしていてはかなり面倒です。
　そこで、あらかじめリールに糸を巻いておいたり、仕掛けをつくっておいたりして、すぐに釣りを始めることができる状態にしておくように、メタトレーダーにインディケーターのパラメータなどを保存しておくことをテンプレートという、ということではいかがでしょうか。
　要は、釣竿（メタトレーダー）、ルアー（インディケーター）

と、それに合うようなセッティング（テンプレート）というような関係です。

　この本のPART 8で解説する「しろふくろう流・必勝トレードシステム」は、複数のインディケーターがセットされており、またパラメータの設定も変更しています。それらの設定をテンプレートとして保存したものをダウンロードできるように準備していますので（「templates_pac1」）、ここでインストール作業をしてから、以降のパートを読み進めていただければと思います。

　注意点としては、さきほども書いたように、テンプレートはインディケーターがあることを前提としたものですから、「しろふくろう流・必勝トレードシステム」を表示させるには、PART 5のLesson 4で解説した「indi_pac1」がインストールされている必要があるということです。したがって、まだ「indi_pac1」をインストールしていない方は、「templates_pac1」と合わせて「indi_pac1」もインストールしてください。

　以下では、「templates_pac1」のインストールの仕方を説明します。
　まず、次のURLにアクセスして、まずは「templates_pac1」をデスクトップ等に保存してください。

http://sirofukurou.cocolog-nifty.com/fx_book/

サイトにはパスワードがかけられていますので

ID:mt4_fun

PWD:zx1bq1

を入力してログインしてください。

　上手くダウンロードできましたか？　「indi_pac1」と同様にファイルは圧縮されていますから、解凍してくださいね。

　さて、テンプレートのダウンロードが終わったら、いよいよインストールに入ります。

　まずはダウンロードして解凍したテンプレートの設置場所ですが PART 5で説明した、カスタム・インディケーターのインストールと途中までは同じ手順です※。

```
Cドライブ
　↓
Program Files
　↓
ODL MetaTrader4（ダウンロードしたFX会社名がついているはずです）
　↓
templates
```

※パート5で「indi_pac1」を入れたexpertsフォルダの中にもtemplatesという名前のフォルダがありますが、こちらに入れると動作しませんので、くれぐれもご注意ください。

　では具体的に図解で説明していきましょう。
　まず、スタートメニューから「マイコンピュータ」を開いて、「ハードディスクドライブ」の「ローカルディスク（C）」を選択し※、ダブルクリックします（画像はWindows XPの場合）。

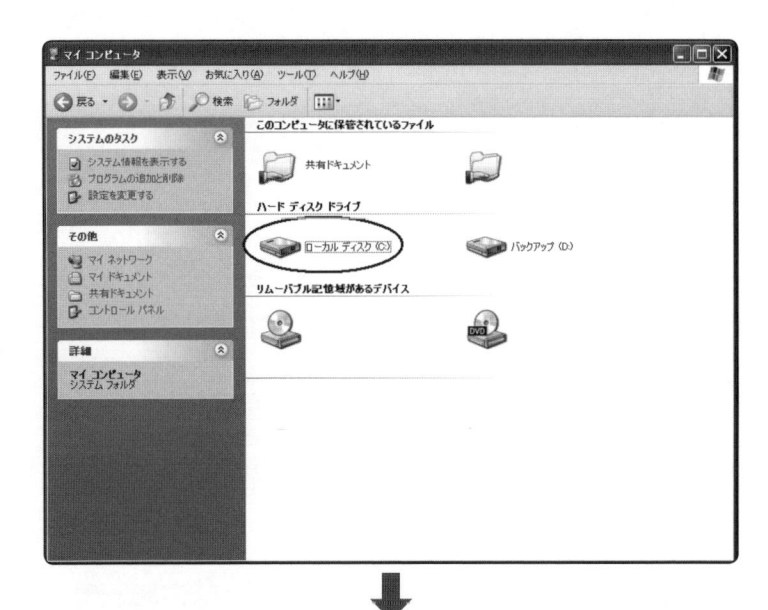

※PART 2でメタトレーダーをダウンロードした際、何も変更しなければ、ローカルディスク（C）の中の「Program Files」という名前のフォルダにメタトレーダー4がインストールされています。以下はそれを前提とした説明になっています。

「Cドライブ」を開いたら、次に「Program Files」という名前のフォルダを選択し、ダブルクリックします。

●ワンポイント・アドバイス
「マイ コンピュータ」と「コンピュータ」

本書は、windows XP環境を前提として書かれていますが、VISTAでも基本的にまったく同じ作業です。windows XPとVISTAでは、「マイコンピュータ」が「コンピュータ」になっているなど、多少表記が違いますが、心配ご無用です。

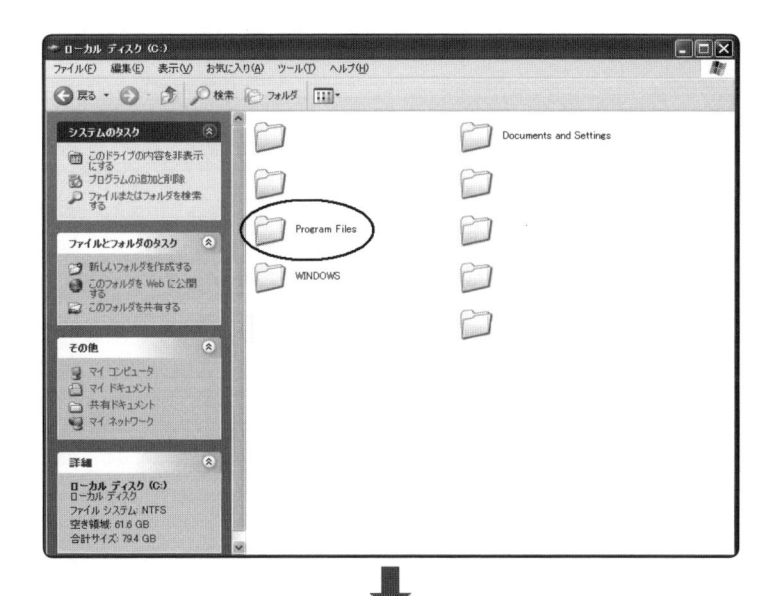

次に、「ODL MetaTrader4」という名前のフォルダを探し、ダブルクリックします（フォルダはアルファベット順に並んでいます）。

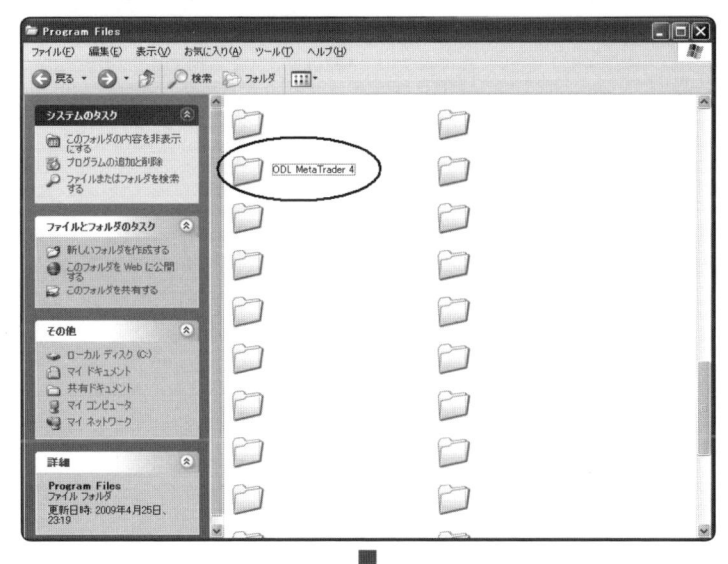

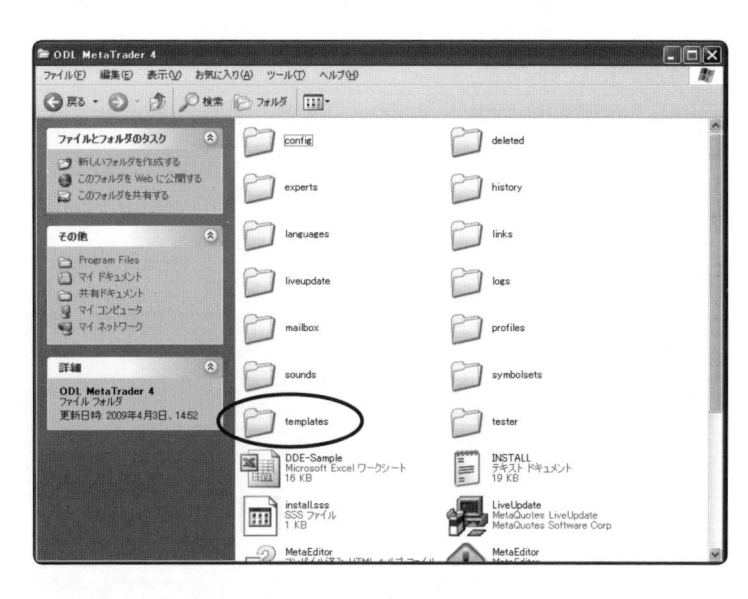

「templates」というフォルダをダブルクリックして開きます※。

※expertsフォルダの中にあるtemplatesフォルダと間違えないように注意!

先ほどダウンロードした、テンプレートを保存したフォルダを開き、「templates」フォルダにすべてのファイルをドラッグします。

●ワンポイント・アドバイス
ショートカットをつくっておくと便利です!

インディケーターをインストールする際、頻繁に作業で使用するのがIndicatorsフォルダです。いちいち順番にフォルダを開いてたどり着くのは面倒ですから、ショートカットをつくっておきましょう。方法については巻末のクイックガイドをご参照ください。

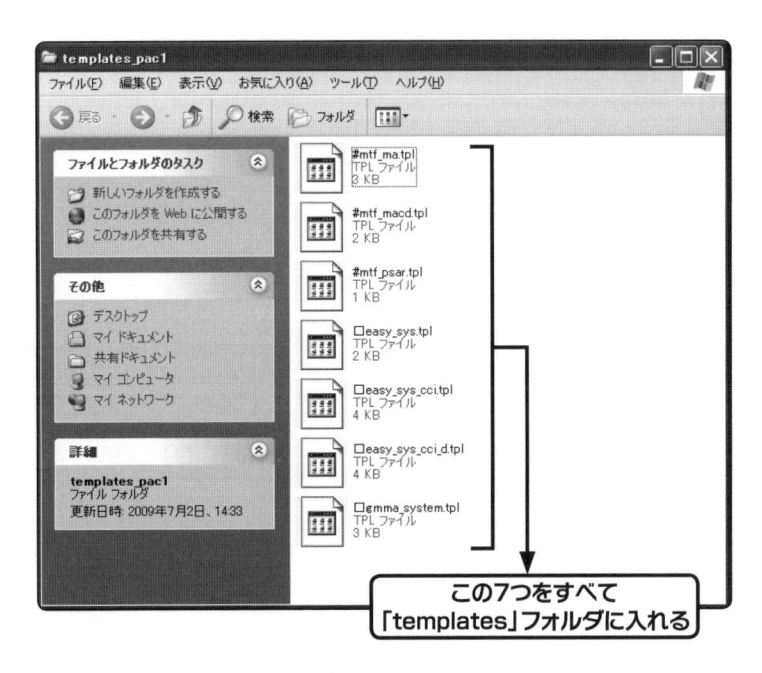

この7つをすべて
「templates」フォルダに入れる

以上でインストールは完了です。

　テンプレート機能を使えば、自分でつくったオリジナルチャートを他の方に渡したり、またインターネット上で公開されているテンプレートや、有料で販売されているチャートシステムなどを簡単に導入することができます。

PART 7 〈実戦編〉
「マルチタイムフレーム」を使えばトレンドがわかる！

Lesson 1

マルチタイムフレーム「パラボリックSAR」

　実戦編のその2は、冒頭でしろふくろうがメタトレーダーを使い始めるきっかけになったと書いた「マルチタイムフレーム」(複数時間軸)を使った独創的なテクニカル分析の考え方とノウハウです。

　しろふくろうがメタトレーダーというチャートソフトに注目したきっかけは、「マルチタイムフレーム」(複数時間軸)に対応しているチャートシステムを探していたときのことでした。

　しかし、マルチタイムフレームに対応した高機能なチャートソフトは、値段が2000ドル以上もするため、なかなか購入の決断ができませんでした。そんなとき、海外のサイトで人気のメタトレーダーを知り、マルチタイムフレームに対応していることはもちろん、その他にもいろいろと面白いインディケーターがあることがわかり、それらを使いこなしてFXトレードで儲けることにのめりこんでいきました。

　メタトレーダーは、PART 5で説明したように、カスタム・インディケーターを使い、それらを組み合わせることによっていろいろなチャート機能を追加することができます。

　マルチタイムフレーム機能もカスタム・インディケーターの一つです。たとえば「1時間足チャートを使っているときに、日足の21日線を表示したい」とか、「5分足チャートで1時

間足のMACDを表示したい」といった発想を具体化することができます。

　つまり、「ひとつのチャートに2つ以上の時間軸のチャート情報が入ったもの」が「マルチタイムフレーム」だというわけです。

　言葉で説明するよりも、実際にマルチタイムフレーム（以下MTFと表示します）のチャートを使って説明したほうがわかりやすいと思いますので、実際の画面を見ながら、しろふくろう流のマルチタイムフレームの使い方、エントリーの考え方を解説します。

　なお、ここで使う「MTFインディケーター」は、PART 5のLesson 4で解説した「indi_pac1」をダウンロードしてインストールすれば使えるようになっています。インストールがまだの方は、まずはインストールしてから先へお進みください。

　まずはMTFインディケーターのなかから、パラボリックSARを使ってチャートのつくり方、使い方を説明します。

　「パラボリック」とは「放物線状の」という意味で、順張り的にチャート上に売り買いシグナルを表示してくれます。

　パラボリックの見方としては、「売り買いシグナルを表す点（ドット）」が、チャートでローソク足より上にあればショート、下にあればロングのサインとなります。

　終値が売り買いシグナルを表す点（ドット）のポイントに達すると、自動的にリバース（反転）します。

　たとえばパラボリックがショートトレンドであった場合に、終値が売り買いシグナルを表す点（ドット）を上抜けすると、

それまで上にあったドットが下にきて、今度はロングポジションの場合のストップ（ドテン）ポイントとして表示されます。

こうした動きの状況が「Stop And Reverse」に見えることから、その頭文字をとって「SAR」と表し、パラボリックSARと呼ばれています。

ではメタトレーダーのインディケーターを使って「MTFのパラボリックSAR」チャートをつくってみましょう。

まずはチャート上に標準インディケーターの「Parabolic SAR」をプロットします。

図のチャートはEURUSDの1時間足チャートですが、小さな「●（ドット）」がチャート上に表示されています。

次にこのチャート上に4時間のパラボリックを表示したいと思います。1時間足チャートの上に、4時間足のパラボリックを表示するところが、マルチタイムフレームというわけ

です。

「Custom Indicators」のなかに「#MTF_PSar」というインディケーターがありますので、これをチャート上にドラッグします。

すると、パラメータをセットするウインドウが開きますので、「TimeFrame」のところに「240」と入力します。

ちなみにこの入力方法は他のMTFインディケーターでも同様で、「分単位」で入力することに注意してください。たとえば1時間＝60分、4時間＝240分、1日＝1440分、1週間＝10080となります。

その他の数値は標準値のままで変更しません。

次に「色の設定」タブを開くと、インディケーターの「色」やドットの「大きさ」を変えることができますので、基準となる時間の異なるドットを区別できるよう、今回の場合は幅を2に設定します。

これで1時間足チャートに、1時間と4時間のパラボリックSARを表示させることができました（白と黒の矢印は本で加えたものなので、表示されません）。

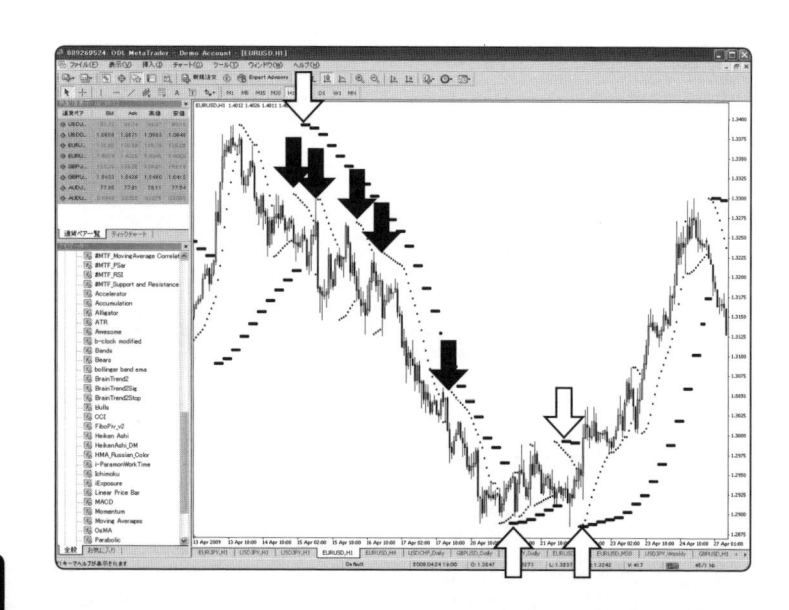

このチャートを見ると、1時間のパラボリックは頻繁に上下が入れ替わっていますが（リバース）、4時間のパラボリックは長くトレンドが続いていることがわかります。

　トレンドというものは、当然のことながら、「長い時間軸であるほど、トレンドが長く継続」します。

　たとえば5分足チャートなどでは1日のなかでも頻繁にトレンドが変化しますが、4時間足チャートや日足チャートのトレンドは比較的長く続きます。

　これを前提に、長いトレンドの方向を見ながら、短いトレンドでタイミングをとるというトレードを行なえば、非常に有利な戦いを進めることができるわけです。

　このような観点で、しろふくろうの場合はデイトレードでも4時間のトレンド方向を重視し、マルチタイムフレームチャートを活用しています。

では、実際にどのようにエントリーするかについて説明しましょう。

まずは4時間足のパラボリックの方向を見極めます。

先ほどのチャート上で最初に「⬇」が表われたところから、パラボリックはショート転換しています（パラボリックが上に表示されているときはショート、下に表示されているときはロング。また、上にあったパラボリックが下に反転、または逆のパターンが発生したときはリバースといい、ポジションを手仕舞い、もしくはドテンします）。

したがって、4時間がショート方向ですから、1時間チャートもショートになったタイミングでのエントリーを検討します。

チャート上で「1時間足のパラボリックがショートになったタイミング」が、エントリーポイントとなります。

チャート上にはいくつか「⬇」を表示していますが、4時間のパラボリックがリバースするまでポジションをキープしていきます。

またこのシステムの良いところは、4時間に1度パラボリックの値を確認し、「ストップロスをトレール（移動）」することができる点です。

すなわち、「利食い（損切り）」は「4時間パラボリックがリバース」したタイミングとなります。

マルチタイムフレームを組み合わせると、さまざまなトレードアイデアを実現することができます。

短期のデイトレードなら、5分足と1時間の組み合わせ、ポジショントレーダーなら日足と週足の組み合わせなども、効果的なセッティングでしょう。

Lesson 2

MACDと移動平均線もマルチタイムフレームで分析

　マルチタイムフレームという考え方は、パラボリック以外のテクニカル分析指標に応用することも可能です。

　いくつかマルチタイムフレームを使ったテクニカル分析とその使い方を紹介しておきましょう。

　まずはマルチタイムフレームMACDです。

　図のチャートはユーロドルの15分足チャートに、上から通常のMACD（15分足）、1時間足のMACD、4時間足のMACDをプロットしたものです。

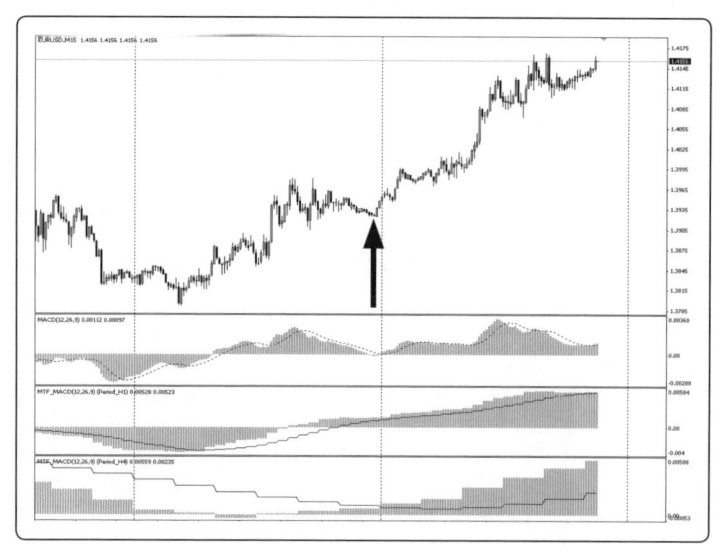

↑の部分で、15分、1時間、4時間のMACDに、ブル（買い）サインが整いましたので、買いのエントリーです。

利食い（損切り）のタイミングとしては、いちばん上のMACDが0ラインより下になったときが短期トレードの場合にはちょうどよいでしょう。

各パラメータのセッティングは以下のようになっています。

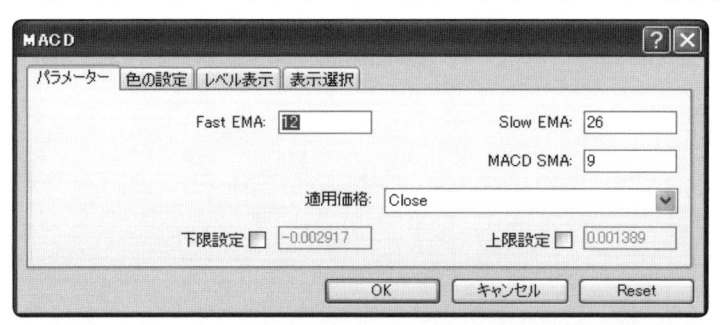

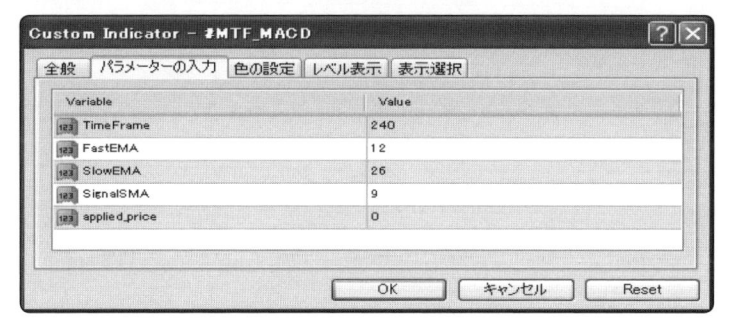

続いてマルチタイムフレームMAです。

図のチャートは、ユーロ円の1時間足チャートに4時間の20EMA（細線）と日足の20EMA（太線）をプロットしたものです。

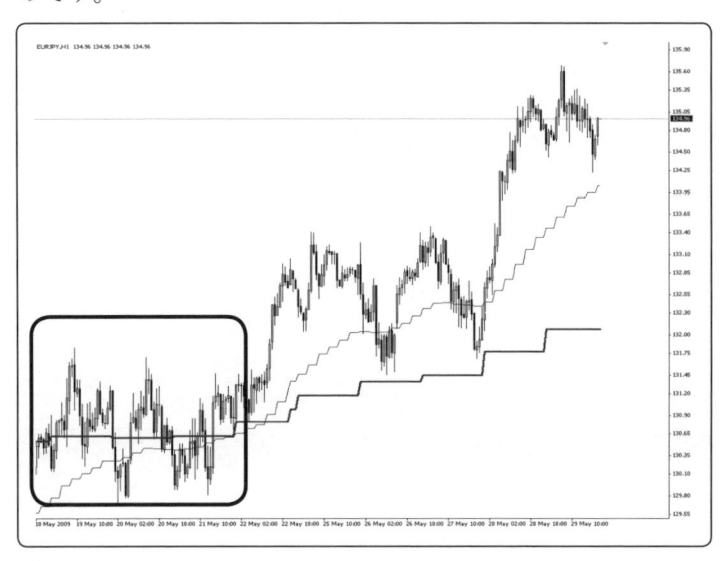

各パラメータのセッティングは以下のようになっています。

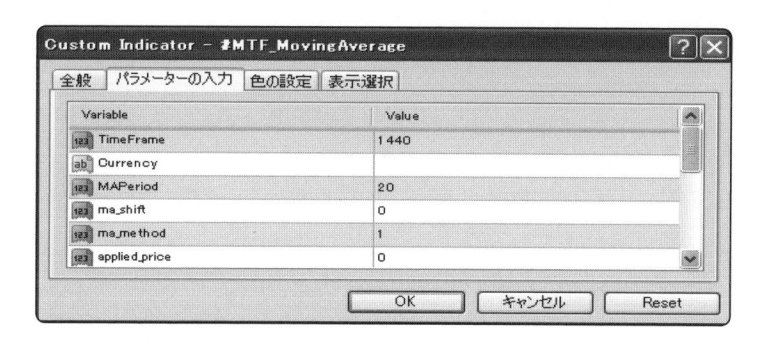

上が4時間足、下が日足の移動平均線のパラメータです。

4時間足の場合はTimeFrameに「240」、日足の場合は「1440」と入力するのは、MTF-Psarのときと同様、「分単位」で入力しているからです。たとえば1時間＝60分、4時間＝240分、1日＝1440分、1週間＝10080となります。

また、線種をEMAとするために、ma_methodに1と入れています。線種の選択は、

```
0：Simple MA
1：Exponential MA
2：Smoothed MA
3：Linear Weighted MA
```

ですので、注意してください。

チャートを見ると、四角で囲んだ持ち合い（日足のEMAが横ばい）を上抜けすると同時に、日足のEMAが上昇を始めて、サポートラインとなっているのが確認できます。

これを単独で売買サインとするのは少しむずかしいとしても、短い時間軸のローソク足をみながら、同時に大きなトレンドを確認できるため、トレードの判断に非常に便利だといえるでしょう。

PART 8 〈実戦編〉
しろふくろう流・必勝の
トレードシステムは
コレだ

Lesson 1

GMMAチャートシステムを使ってみよう

「GMMAチャートシステム」は、米国のダリル・ガッピー氏により紹介された独創的な移動平均線です。Guppy Multiple Moving Averageの略でGMMAと呼びます。

チャートには12本のEMA（平滑移動平均線）がプロットされています。標準仕様ではEMAが色分けされており、

> 赤色EMA：3、5、8、10、12、15
> 青色EMA：30、35、40、45、50、60

の計12本となっています。そして、赤色のリボンは「短期＝投機筋」、青色のリボンは「長期＝投資家」の動きとして捉えることができる、という意味をもっています（この本のチャートでは色の判別がむずかしいため、赤色の短期のラインを点線、青色の長期のラインを実線で表しています）。

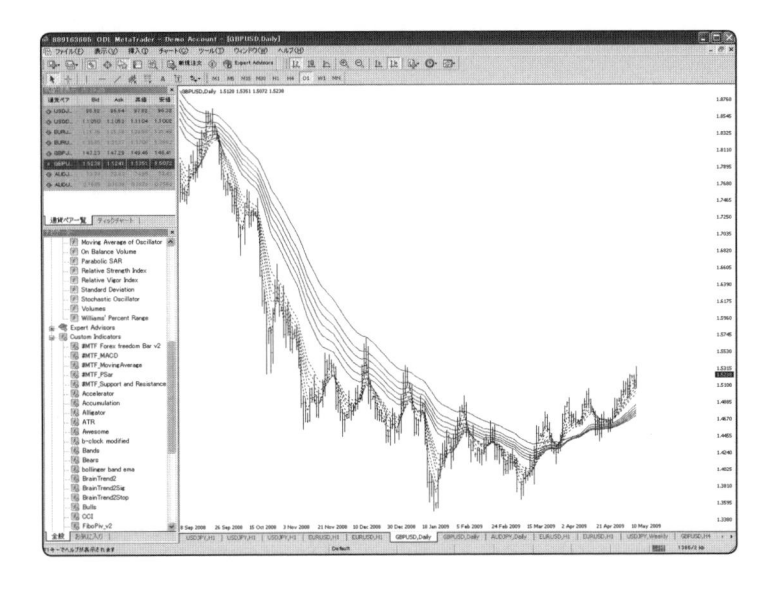

GMMAはメタトレーダーに標準でついているインジケーター（MA）を使って、自分でつくることもできますが、ここではPART 6でダウンロードしてインストールした「templates_pac1」のものを使います。

メニューから「チャート」→「定型チャート」→「gmma_system」を選択します。

サイドバー:
- メタトレーダーはFXで勝つための「最良の道具」だ
- 早速メタトレーダーを使ってみよう！
- チャートの基本操作を覚えよう
- インジケーターを大活用してテクニカル分析が自由自在！
- カスタム・インジケーターで一味違った分析に挑戦！
- テクニカル分析を工夫して最強の武器に！
- 「マルチタイムフレーム」を使えばトレンドがわかる！
- しろふくろう流・必勝のトレードシステムはコレだ
- フィボナッチを活用してさらにトレードの精度を高めよう

●ワンポイント・アドバイス
ガッピーさんのサイト

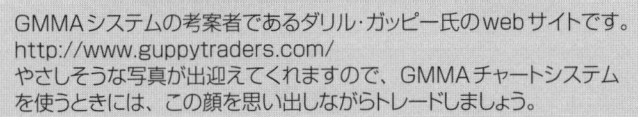

GMMAシステムの考案者であるダリル・ガッピー氏のwebサイトです。
http://www.guppytraders.com/
やさしそうな写真が出迎えてくれますので、GMMAチャートシステムを使うときには、この顔を思い出しながらトレードしましょう。

先ほど書いたように、「GMMAチャートシステム」は、

●赤色EMA：3、5、8、10、12、15
●青色EMA：30、35、40、45、50、60

の計12本のEMAで構成されています。

以下がGMMAチャートシステムを使ったトレンドの判断方法となります。

●赤色の投機筋リボン＞青色の投資家リボン
↓
ロング（買い）
●赤色の投機筋リボン＜青色の投資家リボン
↓
ショート（売り）

投機筋、投資家とも短期の移動平均線が、長期の移動平均線より上にある場合（ゴールデンクロスの状態）はロング、逆に短期の移動平均線が、長期の移動平均線より下にある状態（デッドクロス）はショートとなります。
　また6本の移動平均線がねじれたときにトレンドの転換のサインとなります。

　チャートはポンドドルの日足チャートです。
　2008年夏のサブプライムショックを境に、1ポンド＝2.0ドルの水準から1.335ドルまで、わずか6カ月ほどで6000ポイントを超える下落となりました。

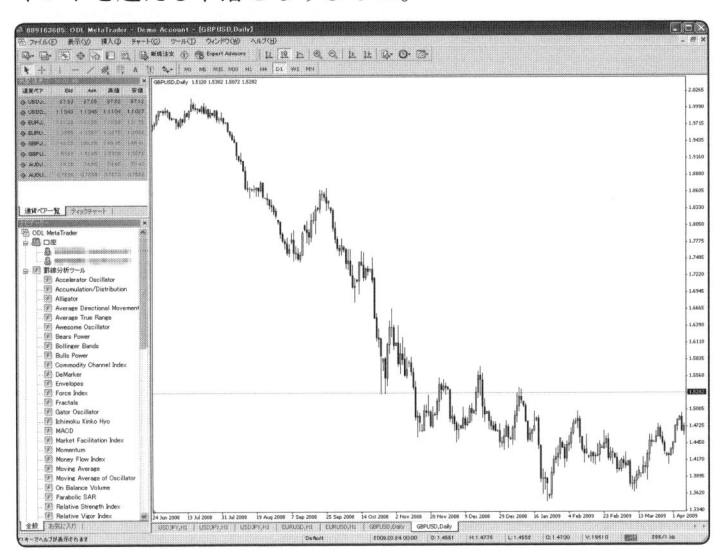

このチャートにGMMAチャートシステムを適用してみました。

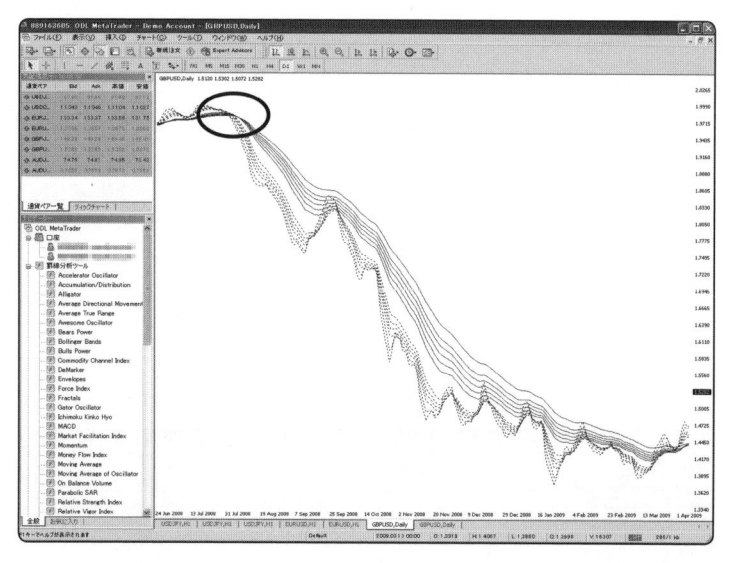

1ポンド＝2.0ドル水準（○印のところ）で、投資家のリボン（実線）が収縮から急速に下落方向に広がっている（拡散）のが確認できます。

また投機筋のリボン（点線）が、投資家のリボンを上から下に抜け、半年にわたって投資家のリボンの上に出ることなく下落トレンドを形成しているのが確認できます。

次も同じポンドドルの日足チャートですが、長いあいだの持ち合いから1.5の水準を上抜け、Wボトムのチャートパターンを形成してきました。

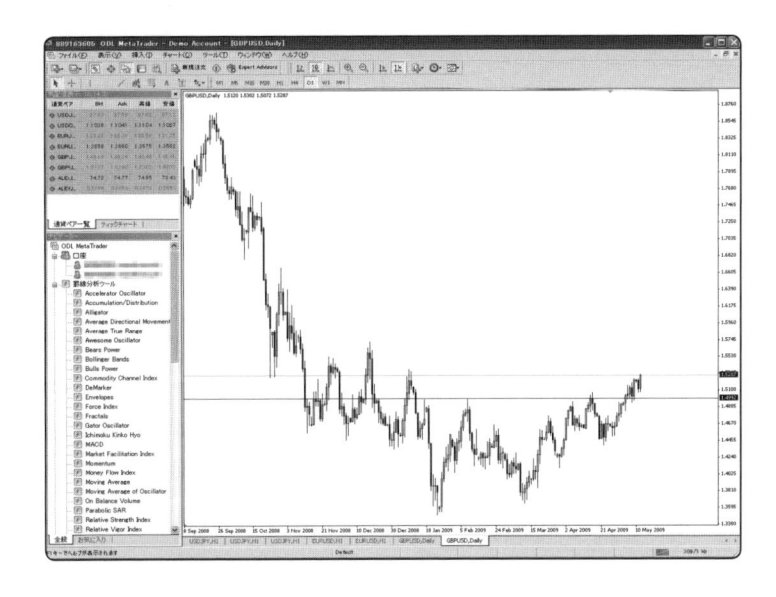

これをGMMAチャートシステムで確認してみると、どうなるでしょうか。

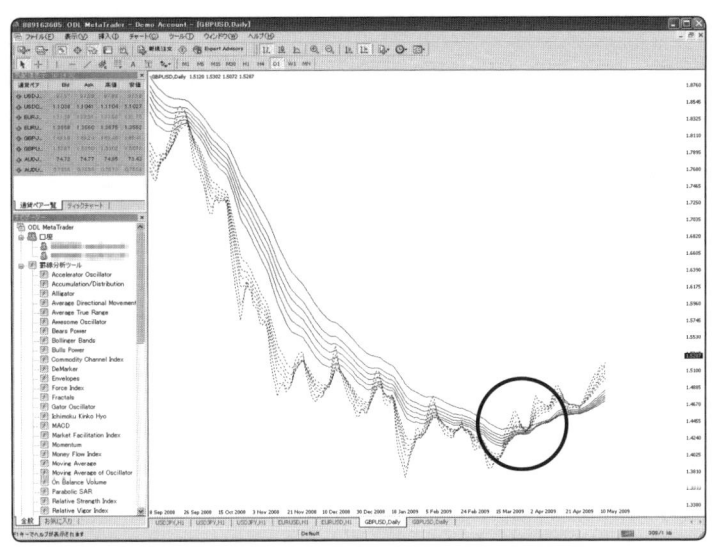

○の部分において実線で示された投資家のリボンがロング

方向に転換しているのが確認できます。

また、点線で示された投機筋のリボンが実線の投資家のリボン」の上に出ており、こちらもロングのサインが出ています。

ダリル・ガッピー氏によると、GMMAチャートシステムは、ローソク足などを表示させずに、12本のEMAだけでトレードを行なうとのことですが、さすがに心もとないので、テンプレートにはバーチャートを標準で装備しています。

日足、週足などの大きなトレンドを見極めるうえで非常に有効なトレードシステムだと思いますので、ぜひとも活用してみてください。

Lesson 2

1時間足、30分足で有効なEASY TRADEシステム

「EASY TRADE」システムは、「平均足」と、「2本の移動平均線のチャネル」で構成されたトレンドフォロー型のトレードシステムです。

このEASY TRADEシステムは、PART 5で紹介した海外のメタトレーダーコミュニティ「Forex TSD」で紹介されていたものです（ここでは「synergy TradingMethod」と呼ばれていますが、同じものです）。

※参考URL＝http://www.forex-tsd.com/manual-trading-systems/9360-synergy-trading-method.html

フォーラムの冒頭ではこのシステムのパフォーマンスが次のように記されています。

First backtests show that the strategy works best on the 1H or 30M timeframe wITh the GBPUSD, EURJPY, EURUSD, GBPJPY, USDCHF, USDJPY and CADJPY. Here are some average results:

GBPUSD：~160 pips per month
EURJPY：~104 pips per month
EURUSD：~100 pips per month

GBPJPY：〜95 pips per month
USDCHF：〜85 pips per month
USDJPY：〜82 pips per month
CADJPY：〜75 pips per month

　この説明を訳してみると、タイムフレームは30分か1時間がよく、通貨ペアとしてはポンドドル、ユーロ円、ユーロドル、ポンド円、ドルスイス、ドル円、カナダ円が推奨されていて、パフォーマンス的にはポンドドル、ユーロドル、ユーロ円がよさそうです。
　しろふくろうは、メタトレーダーを使って平均足を表示するインディケーターを探していたときに、このトレードシステムを見つけて、いろいろな通貨ペアや時間軸で検証してみました。
　平均足というのはトレンドの把握が視覚的にわかりやすいため、FXの売買において、愛用している方は多いようです。
　メタトレーダーでのセッティングとしては、

●プライスアクションチャネル（PAC）：2本の移動平均線（「smoothed Movong Average」＝5期間の高値と安値の2本の移動平均線）
●Average Price Bar（APB）：平均足（「Heiken Ashi_DM」インディケーターを使用）

という内容になっています。
　オリジナルのシステムでは、トレンドを判断するためのフィルターとして「Traders_Dynamic_Index」というインディケーターを使うのですが、今回は上記の基本チャートとLesson 4で紹介する「マルチタイムフレームCCI」とあわせ

て、しろふくろう流・必勝トレードシステムを構築したいと思います。

ではまず、実際にEASY TRADEシステムのチャートをつくってみましょう（PART 6でダウンロードしてインストールした「templates_pac1」を使用します）。

メニューから「チャート」→「定型チャート」→「easy_system」を選択します。

●ワンポイント・アドバイス
オススメのサイト

Easy Tradeシステムを使った海外のテクニカルサイトのご紹介です。
http://www.compassfx.com/
「SYNERGY Trading Method」として紹介されていますので、興味のある方は和訳して読んでみてくださいね。

チャート上には「2本の移動平均線で挟まれたチャネル」（PAC）と、通常のローソク足の代わりに「平均足」（APB）が表示されています。

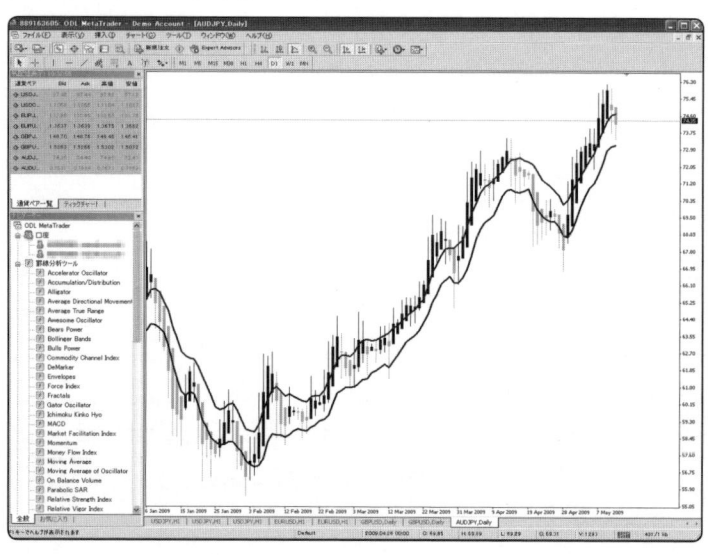

なお、参考までに平均足の描き方を説明しておきます。

まず、2日分の4本値（始値、高値、安値、終値）を使って、1日のローソク足をつくります。平均足の始値は、前日の4本値を足して4で割ったもの、つまり前日の4本値の平均値です。平均足の終値は、同じように当日の4本値の平均値を計算します。これがローソクの実体部分（胴体部分）で、あとは当日の高値、安値でヒゲをつくります。3日目以降は、前日のローソク実体部分の中心値を始値とし、終値は当日の4本値の平均値、当日の高値、安値で同じようにヒゲをつくっていきます。

Lesson 3

EASY TRADEシステムを使った具体的なトレード手法

　ここでは、EASY TRADEシステムの根幹となる2つのエントリーシグナルについて、説明します。

　EASY TRADEシステムは、Lesson 2で書いたように2つのパートで構成されています。

- Average Price Bars（平均足）…APBと呼びます
- Price Action Channel（黄色の2本の線ではさまれたチャネル）…PACと呼びます

これを使った売買のタイミングは以下のようになります。

- **買いサイン**
  APBが青色（この本では黒色）
  PACチャネルの上限をABPの終値が抜けたとき
- **売りサイン**
  APBが赤色（この本では白色）
  PACチャネルの下限をABPの終値が抜けたとき

また手仕舞いのサインは以下のようになります。

- **ロングの場合**
  APBが青色（黒色）から赤色（白色）に変わってクロー

> ズした場合
> ●ショートの場合
> APBが赤色（白色）から青色（黒色）に変わってクローズした場合

　この売買サインの原理を考えてみると、平均足を使うことで、細かいノイズをカットしたトレンドフォローシステムを基本に、高値安値のラインを更新したときにエントリーするしくみになっていて、非常に合理的な発想だといえます。それをEASYという名前のとおり、非常にシンプルでわかりやすい売買サインに結びつけた使い勝手のよいトレードシステムだといえるでしょう。

　実際に使ってみた経験でも、非常にシンプルですが、平均足（APB）は通常のローソク足よりも「ダマシ」が少なく、またPACというフィルターを加えることにより、トレンド発生時にはとくに有効に機能するトレードシステムになっています。

Lesson 4
米国では人気が高い「CCI」をマルチタイムで使う

　次に紹介する「マルチタイムCCI」は、しろふくろうが最も活用しているトレードシステムです。

　「CCI」（シーシーアイ）というのはCommodity Channel Indexの略です。Commodityとう名前がついていることからわかるように、もともとは金や原油といった商品用のインディケーターだったようですが、本場米国では、株式や為替にも広く使われているテクニカル分析指標です。

　「CCI」は、日本ではあまりメジャーなテクニカル分析指標ではありません。しかし、米国ではチャートを見ずに「CCI」だけでトレードをしている方もいるという話を聞き、興味を持ったことが、しろふくろうがCCIと出会うことになったきっかけでした。そして、実際に使ってみたところでもなかなか具合がよく、いまでは最も活用しているトレードシステムとなったわけです。

　通常「CCI」の基本的なパラメータとしては、「50期間」を使うことが多いのですが、為替のサイクルには「14期間」（または20期間）がフィットするようです。

　実はCCIはメタトレーダーに標準で装備されているインディケーターで、罫線分析ツールの上から10番目にあります。

　CCIのしくみを簡単に説明しておきましょう。

> **CCIの計算式**
> 基準値＝（高値＋安値＋終値）÷3
> 基準値平均＝N期間の基準値の平均
> 平均偏差＝（基準値－基準値平均）の平均偏差
> CCI＝（基準値－基準値の移動平均）÷（0.015×N期間の平均偏差）

となっています。

そのため、マルチタイムフレームのCCIでは、パラメータとしてはPeriodとcciを設定することになります。

CCIではこの期間で計算された、「ゼロライン」という線よりも価格が上か下かで相場の強弱を見極めることになります。

しろふくろうの場合は、この「CCI」をマルチタイムフレーム（MTF）で使うことにより、ビジュアル的にもわかりやすく表示し、トレードに活用しています。

それではメタトレーダーで「MTF CCI」をつくってみましょう。使用するインディケーターは、「#MTF Forex freedom Bar v2」というインディケーターです。

こちらも、「Forex TSD」でダウンロードできますが、PART 5でダウンロードしてインストールした「indi_pac1」に入っていますので、ここではそちらを使用します。

「CustomIndicators」の中にある、「#MTF Forex freedom Bar v2」をチャート上にドラッグします。

ポップアップメニューが開きますので、「パラメータの入力」タブを選択します。パラメータの値は、

- Period_1…240
- Period_2…60
- Period_3…30
- Period_4…15

です。

次に「cci」の値を、

- cci_1…14
- cci_2…14
- cci_3…14
- cci_4…14

と入力します。

「OKボタン」をクリックすると、インディケーターが反映され、図のようなチャートとなります（矢印は本で加えたものなので、表示されません）。

　チャートの下のほうにある「サブウインドウ」の中に4本のバーが並んでいますが、上から15分、30分、60分、240分の「CCI」のバーになります。

　また、それぞれのバーは「赤い□」と「青い■」（本のチ

ャート上では白と黒になっています）で色分けされていますが、「赤い□（白い□）」のときにはベアサイド、「青い■（黒い■）」のときにはブルサイドと判断します。

時間軸がいくつかありますが、4つの時間軸の■□が同じ色でそろったときに、すべての時間軸のトレンド方向がシンクロしたことを確認するという意味をもっています。

このチャートはEURUSDの1時間足チャートですが、○の部分で上位時間軸である「4時間のCCIも買い」になり、4つの時間軸すべてが買いとなりました。

チャートではその後、15分、30分、1時間のCCIは途中□の売りサインも点灯しましたが、その後■の買いサインとなり、4時間の時間足では、エントリー後ずっと■の買いサインが点灯したままになっています。

CCIの基本的なエントリー方法としては、

| トレードを行なう時間軸のCCIが上位時間軸のCCIと同じになったタイミングでエントリーを行なう |

というものです。一方、エグジットに関しては、

| トレード時間軸のCCIが反転した場合、もしくは上位時間軸のCCIが反転するまでポジションをキープ |

となります。

図のチャートでみると、「↑」の印をつけたところで1時間の「CCI」が■になり、「↓」で□に反転しています。

これで具体的な売買をどうするかというと、

> ①「↑」でロング、「↓」で手仕舞いを繰り返す

という方法と、

> ②最初の「↑」でロングエントリーを行ない、次の「↑」で買い増し、さらに次の「↑」で買い増しという形でポジションを「ピラミッディング」（積み上げ）していく

という方法の二通りがあります。
　①なら比較的短期間で売買を繰り返すシステマチックなトレードですし、②なら上位時間軸のトレンドを優先して、一定方向にポジションを積み上げて利益を最大化するトレードです。自分の考え方に沿って、いずれかの方法をとるとよいでしょう。
　このように、CCIは色の変化で明確に売り買いの判断を行なうことができ、また上位時間軸のトレンドを考慮することにより、トレンドに沿ったエントリーが可能となるという、非常にシンプルかつ効果的なトレードシステムだといえます。
　次項ではいよいよ、このマルチタイムフレームCCIとEASY TRADEシステムを組み合わせた、トレンドフォロー型のしろふくろう流・必勝トレードシステムについて解説します。

Lesson 5

これがしろふくろう流・必勝のトレードシステムだ!

　ここまで、メタトレーダーのインストール、インディケーターのインストール、そして具体的なチャートシステムの構築というように進んできました。

　ここで一つのトレードシステムを完成させることができれば、本書はひとまずゴールを迎えます。

　ここで解説するトレードシステムは、本章ですでに紹介した「EASY TRADEシステム」と、「MTF CCI」を組み合わせた、トレンドフォロー型のしろふくろう流・必勝トレードシステムです。

　このトレードシステムは、しろふくろうがいまも実際に大活用している秘伝のものですが、エントリー、エグジットの判断がシンプルかつ効果的であるのが特徴です。これを投資判断に使うことによって、感情に左右されずにトレードを行なうことができ、勝ち組投資家の仲間入りをするための大きな武器になるものだと自負しています。

　このトレードシステムは、先のEASY TRADEシステムとMTF　CCIシステムを組み合わせて、ひとつのチャートにしています。

　チャートは次の3つのパートで構成されています。

●プライスアクションチャネル（PAC）

● Average Price Bar（APB：平均足）
● MTF CCI

使用するインディケーターは次の3つです。

● MovingAverage（メタトレーダーに標準のもの）
● Heiken Ashi_DM（「indi_pac1」に添付）
● #MTF Forex freedom Bar v2（「indi_pac1」に添付）

　それぞれのインディケーターのセッティングについては、EASY TRADEシステム、MTF CCIシステムの項にてご確認ください。

　では、実際にEASY TRADE＋MTF CCIのチャートをテンプレートを使ってつくってみましょう。今回もPART 6でインストールしたテンプレートを使います。メニューから「チャート」→「定型チャート」→「easy_system_cci」を選択します。

こちらがEASY TRADEシステムにMTF CCIシステムを
フィルターとして付け加えたチャートです。

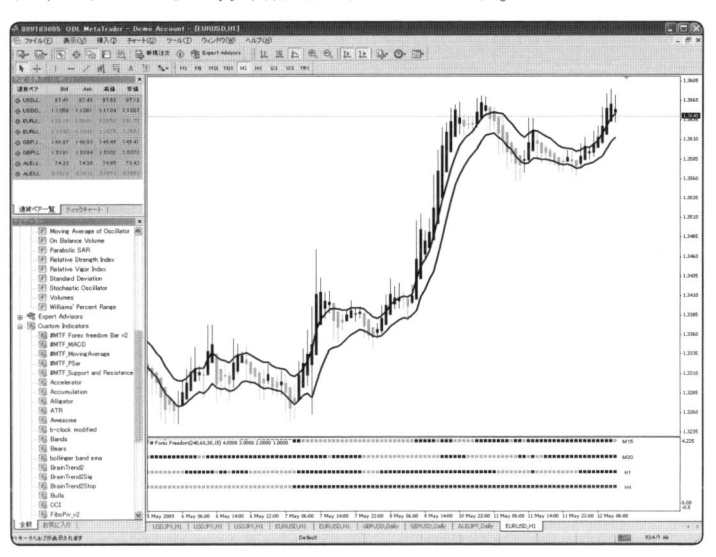

MTF CCIシステムによる色の変化に、EASY TRADEの

APBとPACを加えて、トレンド発生時にできるだけ長くトレンドを追いかけることができるようになっています。

実際にこのチャートで、エントリーとエグジットのタイミングを検証してみましょう。

チャート上には、EASY TRADEシステムのエントリーの条件を満たしたAとBの2つのエントリーポイントを表示しています。

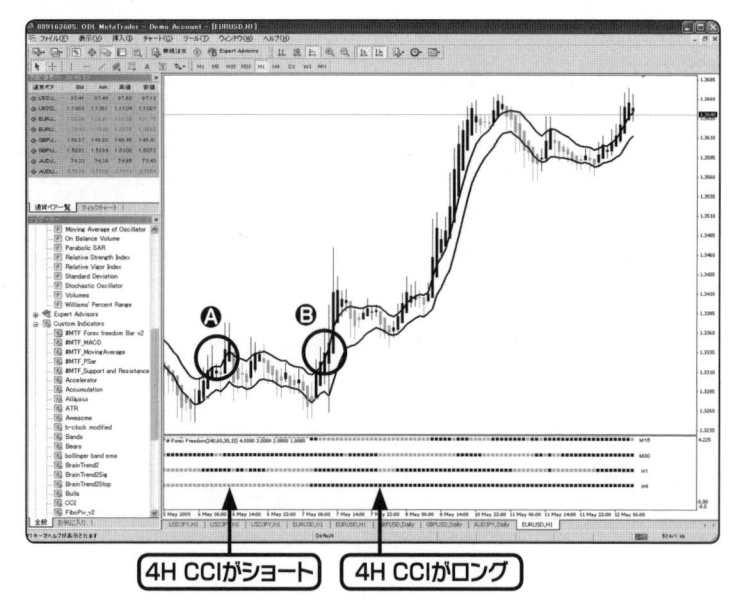

4H CCIがショート　　4H CCIがロング

A、BともにAPBが青色で、かつPACの上限を終値で超えてきています。

しかし、Aはその後失速し、成功トレードには結びつかなかったようです。

Bはエントリー後に値幅を拡大し、その後300pt以上の上昇となっています。

このときのサブウインドウのMTF CCIシステムの状況を

確認してみると、Aのときは、上から3段目にある1時間のCCIは青色■に変化していますが、4段目の4時間CCIは、まだ赤色□の売りサインが点灯したままでした。

一方、Bのエントリーポイントでは、すべての時間軸のCCIで買いサインである青色■が点灯し、EASY TRADEシステムのエントリーサインとあわせて「すべての買い条件」が整っています。

もちろんAの部分で買いを入れても、最終的には勝ちトレードになっていますが、レバレッジが高い場合、一時的に大きな含み損をかかえることになり、勝ちトレードに結びつけることができなくなる恐れがあります。

つまり、実際に運用するにあたっては実用性が低いといわざるを得ないでしょう。

次はエグジットについてです。実際にBでエントリーしたチャートの推移を見てみましょう

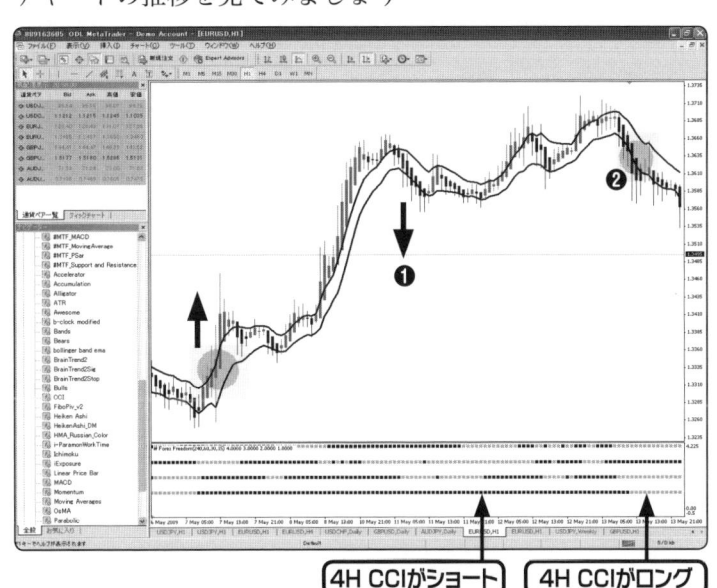

↑の1ユーロ＝1.333ドルでエントリーした場合、エグジットのタイミングは大きく2つあります。

> ①EASY TRADEシステムのショートのエントリー条件が成立したときにエグジットする
> ②MTF CCIシステムの上位トレンドの転換でエグジットする

①の場合、「↓」の部分でEASY TRADEシステムを見ると、APBが赤色、APBの終値がPACの下限を下抜けてショートのサインとなっています。

このときエントリーからエグジットまでの期間が48時間、値幅が＋260ptほどのトレードとなっています。

②の条件でエグジットした場合、サブウインドウのいちばん下の4時間のCCIが反転するまでですから、96時間、値幅で300ptほどのトレードとなっています。

もちろん、エントリー以降も、EASY TRADEシステムは再度買いサインを出していますので、そこでポジションの買い増しを行なっていけば、利益をさらに伸ばすことができます。実際のトレードにおいては、エントリーとエグジットのタイミングだけではなく、建て玉数についても上手く調整することが大切だといえます。

●ワンポイント・アドバイス
ポジションサイズについて

FXでポジションをとっていると、逆方向に動いてドキドキすることがありませんか？ そんなときは、自分にとってポジションサイズが大きすぎるのかもしれません。心に余裕がなくなるといいトレードができませんので、注意してください。

EASY TRADE＋MTF CCIシステムは、短い時間軸から日足チャートまで、同じロジックで適用することが可能です。

次のチャートは、日足チャートにEASY TRADE＋MTF CCIシステムをプロットしたものです。

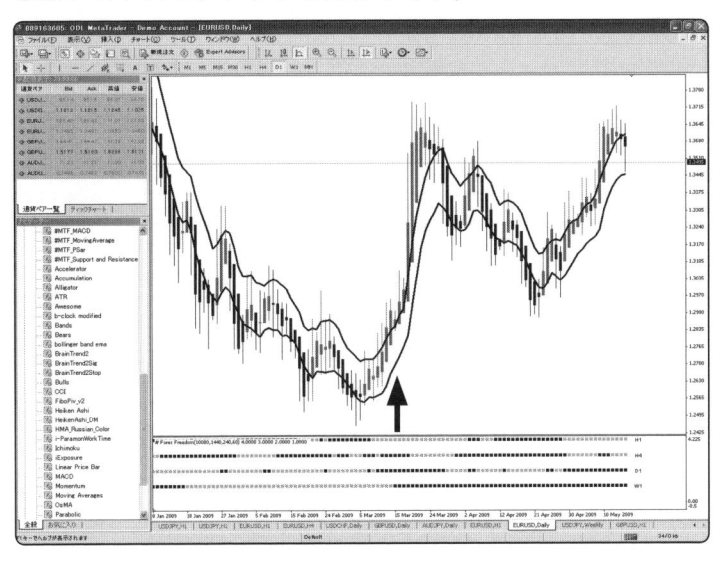

時間軸を日足に変える場合には、期間の設定を変更する必要があります。

ここでは、

●Period_1…10080（1週間）
●Period_2…1440（1日）
●Period_3…240（4時間）
●Period_4…60（60分）

と入力します。なお、この入力方法は他のMTFインディケーターでも同様で、分単位で入力することに注意してください。たとえば1時間＝60分、4時間＝240分、1日＝1440分、

1週間＝10080となります。

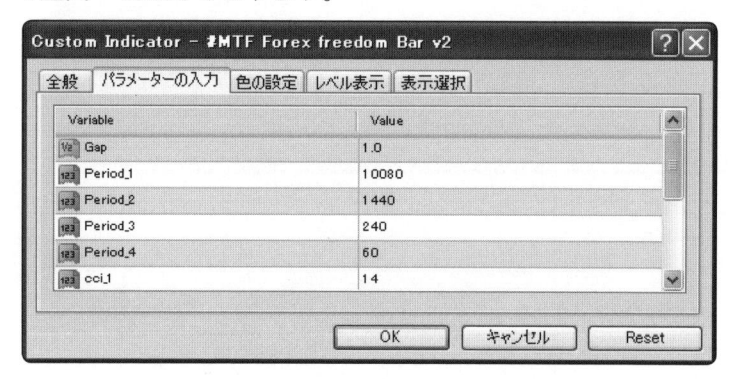

173ページのチャートに戻って、MTF CCIの状況を確認してみましょう。

↑の部分でウイークリーのMTF CCIがロングに転換しました。途中1ユーロ＝1.288ドル付近への下押しがありましたが、このチャート上では、ウイークリーではまだMTF CCIはロングをキープしています。

なお、この日足チャートのテンプレートもPART 6で説明した「templates_pac1」をダウンロードしてインストールすれば使えるようになっています。

トレードスタイルに合うよういろいろな時間設定で試してみてください。

PART 9 〈実戦編〉

フィボナッチを活用してさらにトレードの精度を高めよう

Lesson 1

フィボナッチって なんだ?

　FXトレードを始めて、チャートやテクニカル分析に興味をもつようになると、「エリオット波動」「フィボナッチ比率」といった言葉が、いろいろなところで使われているのを目にするようになります。

　しろふくろうが、それらの言葉と出会ったのは、負け組トレーダーとして悪戦苦闘しているときでした。なかなか自分なりの勝ちパターンをつかむことができずに、いろいろなテクニカル分析手法の研究をしていたときに、『はじめてのテクニカル分析』(林康史著、日本経済新聞社)という本のなかで「フィボナッチ」という言葉を初めて目にしたのです。

　フィボナッチ級数は13世紀のイタリアの数学者、レオナルド・フィボナッチによって発見(正確には再発見)されました。先ほどの『はじめてのテクニカル分析』では次のように書かれています。

　「黄金分割、あるいは、黄金比と呼ばれる比率があります。その元となっているのは、フィボナッチ数列と呼ばれる一連の数字です。それは1、1、2、3、5、8、13、21、34、55、89、144…」

　投資関連の他の本においても、このフィボナッチ数列を取

り上げたものがありますが、まとめると次のような特徴があります。

- ●隣り合う数字を足すと次の数字となる
- ●（最初の3つを除いて）連続する2つの数字で小さい数字を大きい数字で割ると0.618倍の割合となる
- ●（最初の3つを除いて）連続する2つの数字で大きい数字を小さい数字で割ると1.618倍の割合となる
- ●2つ上位の数に対しては0.382倍となる
- ●2つ下位の数に対しては2.618倍となる
- ●3つ上位の数に対しては0.236倍となる
- ●3つ下位の数に対しては4.236倍となる
- ●これらの数字には下記のような相関が見られる

  0.618×1.618＝1
  2.618×0.382＝1
  0.2368×1.618＝0.382
  2.618×1.618＝4.236
  1.618−0.618＝1
  2.618−1.618＝1
  0.618＋0.382＝1
  1.618＋0.382＝2
  2.618＋1.618＝4.236
  0.618の二乗＝0.382
  1.618の二乗＝2.618

　何だかむずかしそうですが、エジプトのピラミッドや、花の花弁の数など、自然界の法則も含めて、世の中にはこの級数に従って動的均整を示すものが多く存在するといわれています。

このうち0.382、0.618、1.618は黄金分割と呼ばれ、フィボナッチ級数のなかでもとくに、トレードにおいて価格の節目を推定したりする場合によく用いられるものです（これをフィボナッチスケールと呼びます）。

　実際にトレードを行なっていると、突然相場の動きが止まったり、反転したりすることを経験したことがあるかと思います。

　しろふくろうの経験でも、そんなときに、フィボナッチスケールを当てはめてみると、0.382や0.618などのフィボナッチ比率でピタリと止まったり、反転したりしていることがよくあるのです。

　テクニカル分析を活用したトレードシステムによって、エントリーやエグジットを行なっている場合でも、完全に機械的に売買を行なっている場合は別として、裁量的な判断を交えているのであれば、何らかの基準があったほうがよりスッキリとした気持ちでトレードできるものです。

　その基準として、フィボナッチを活用しようというのが、PART 9の狙いです。したがって、PART 9ではメタトレーダーに標準で装備されているフィボナッチツールを使って「ディナポリ・ターゲット」「フィボナッチターゲット」を活用するためのセッティングと、その具体的な活用法について説明したいと思います。

Lesson 2
標準でフィボナッチツールが準備されている

　メタトレーダーでは、カスタム・インディケーターを駆使して、さまざまなテクニカル分析を行なうことができますが、5つの「フィボナッチツール」が標準で装備されているのも、メタトレーダーが最強のトレーディングツールといわれる大きな理由のひとつだと思います。

　まずはメタトレーダーに標準で装備されているフィボナッチツールについて、簡単に説明してみましょう。

　フィボナッチツールを表示させるには、メニューから「挿入」→「フィボナッチ」と選択します。

　すると図のチャートのように、「フィボナッチ（F）」の右に次の5つのフィボナッチツールが現れます。

- Retracement
- Time Zone
- Fan
- Arcs
- Expansion

ここからは、各フィボナッチツールの特徴と、使い方について説明します。

●Retracement

Retracementでは、ある期間に対する「フィボナッチリトレースメント」のラインを引くことができます。

フィボナッチリトレースメントは、一般的には、押し目や戻りの目安として使うことが多いのですが、利食いのターゲットを決める際にも使うことができ、最も使用頻度が高く効果的なツールです。

表示方法は、メニューから「挿入」→「フィボナッチ」→「Retracement」とマウスを動かし、チャート上でA、B点を選択すると表示されます。

一度表示したあとでも、A、B点をクリックして選択し、ドラッグすることによって細かな位置の調整を行なうことができますので、最初にA、B点を選択する時点で、あまり神

経質にならなくても大丈夫です（この点は、以下のすべての
フィボナッチツールに共通です）。

Retracementに関しては、後ほどしろふくろう流のセッティングを詳しく説明します。

●Time Zone

　Time Zoneは5つのフィボナッチツールのなかで、唯一、値幅ではなく、時間軸を使ったものです。具体的には、フィボナッチ係数を用いて、相場が変化する時間帯を推測する際に用います。

　表示方法は、メニューから「挿入」→「フィボナッチ」→「Time Zone」とマウスを動かし、チャート上のA、B点を選択すると表示されます。

　標準では、A～Bの2、3、5、8、13、21、34倍のフィボナッチ配列となっていますが、少々使い方に工夫が必要なツールです。

たとえば、高値と高値を結んで次の高値までの時間を予測したり、高値と安値を結んで次の高値を予測したりします。

時間は価格以上にバリエーションがありますので、いろいろとトライしてみてください。

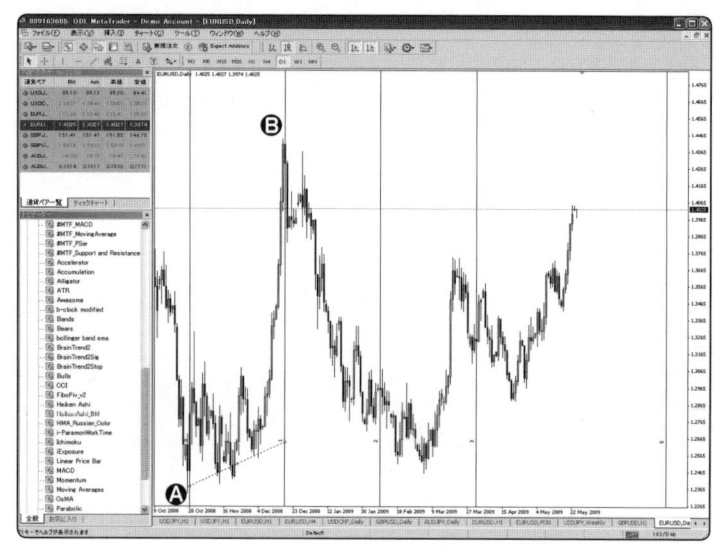

※図のチャートでは、A点を起点にして、A～Bの2倍の時間が2本目のタテ線、3倍の時間が3本目のタテ線、5倍の時間が4本目のタテ線で示されています。

● Fan

Fanを使うと、ある高値と安値を使って、3つのラインを引くことができます。

この3本のラインはA～Bの傾きにフィボナッチ係数をかけて求めたものですが、これらをサポートライン、レジスタンスラインの目安として活用することができます。

表示方法は、メニューから「挿入」→「フィボナッチ」→「Fan」とマウスを動かし、チャート上のA、B点を選択し

ると表示されます。

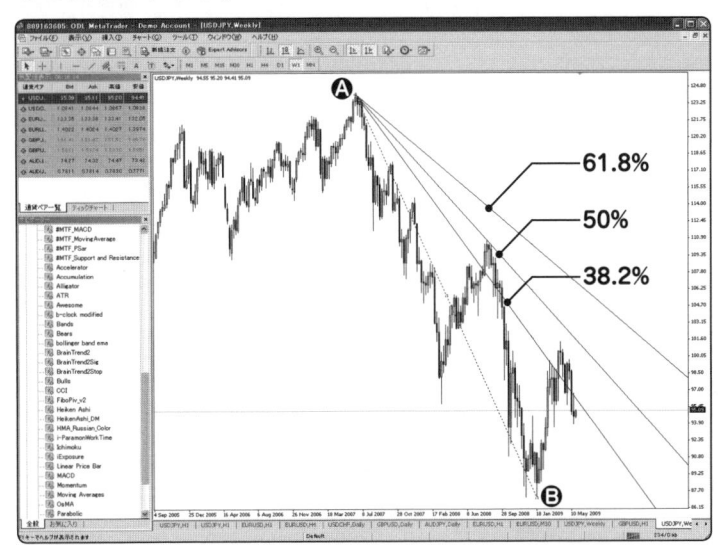

図のチャートでは、A〜Bの50%のFanラインがレジスタンスとして上手く働いていることが確認できます。

●Arcs

ArcsもRetracement同様A〜Bの戻りや押し目を確認するのに有効なツールです。

Arcsとは「弧」のことです。特徴としては、弧状に表示されるため、純粋な値幅のみを考慮したRetracementと違い、Fanの要素も組み入れたものになっています。

表示方法は、メニューから「挿入」→「フィボナッチ」→「Arcs」とマウスを動かし、チャート上のA、B点を選択すると表示されます。

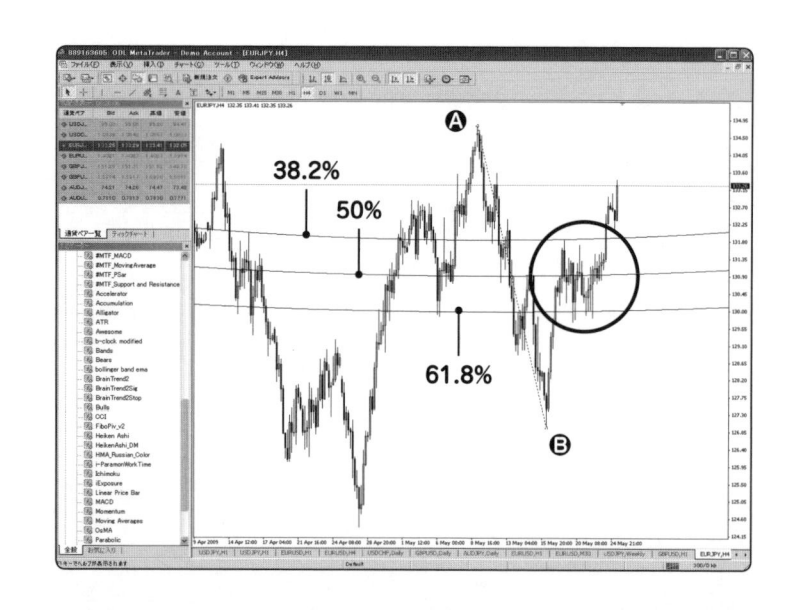

図のチャートでは、○印のところでA〜BのArcsの38.2％と61.8％ラインのあいだで持ち合いを形成し、そのあと38.2％ラインをブレークしていることが確認できます。

●Expansion

ExpansionはRetracementと並んでしろふくろうが多用するフィボナッチツールですが、押しや戻りを見つけるRetracementやArcsなどの他のフィボナッチツールとは違い、次の目標値を計算するときに主に使うという特徴があります。

このツールだけは、A、Bの2点に加えて、Cの3点を指定する必要がありますから注意してください。

表示方法は、メニューから「挿入」→「フィボナッチ」→「Expansion」とマウスを動かし、チャート上のA、B、C点を順に選択すると表示されます。この作業は慣れるまではむずかしく感じるかもしれませんが、選択した後で動かすこともできますので、安心してください。

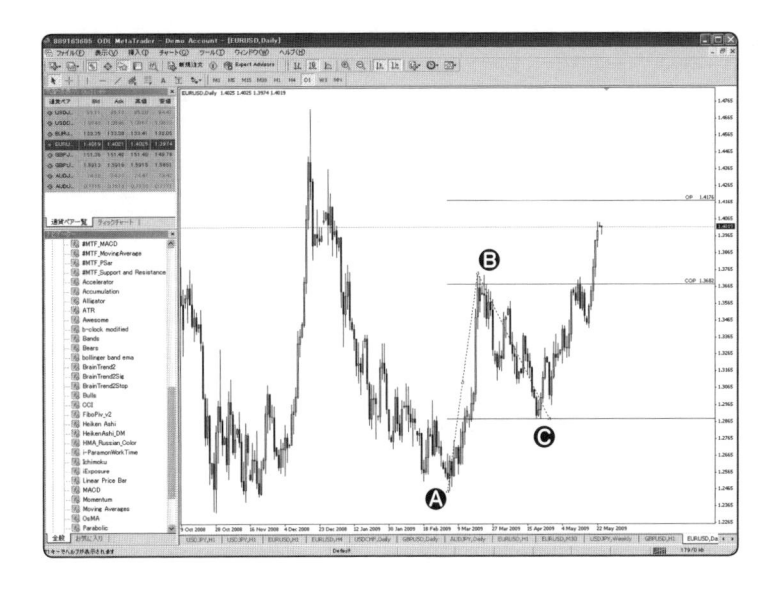

ExpansionについてもRetracementと同様に、次項でしろふくろう流のセッティングや使い方について詳しく説明したいと思います。

COLUMN ワンクリックで選択できるように設定しよう

フィボナッチツールでA、Bと選択する際、初期設定では「ダブルクリック」で選択するようになっていますが、「シングルクリック」で選択できるように変更することが可能です。

まず、メニューから「ツール」→「オプション」と選択してクリックします。

ポップアップメニューが開きますので、「ライン等の設定」タブを選択し、次に「□ワンクリックで"選択"にする」にチェックを入れ「OK」ボタンをクリックします。

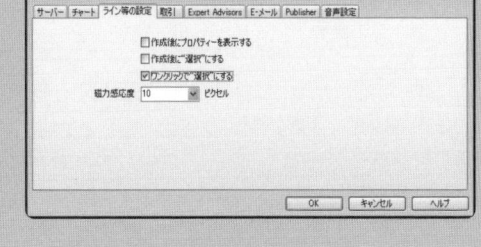

これで、フィボナッチツールの使い勝手が格段によくなりますので、ぜひお試し下さい。

Lesson 3

しろふくろう流 「Retracement」の設定法

　Retracementは標準設定のままでも十分に使えますが、リトレースメントの値を追加し、少し手を加えることにより、格段に使いやすくなります。

　一度、設定しておけば、通貨ペアや時間軸を変えたチャートでも同じ設定でRetracementが引けますので、頑張ってトライしてみてください。

　しろふくろうは、Retracementの設定を以下のように変更しています。

● フィボナッチレベルの追加（0.786、1.272、2.0）
● フィボナッチレベルの値に、価格が表示されるようにする

　このように変更している理由は、押し、戻しの目安や、フィボナッチリトレースメントを使って目標値を算出する際に、一目で価格がわかるようにするためです。

　それではさっそく、Retracementの設定を行なってみましょう。

　まずはチャートを開いて、Retracementをチャートに表示させるために、メニューから「挿入」→「フィボナッチ」→「Retracement」をクリックし、任意のA～B2点でリトレースメントを引きます。

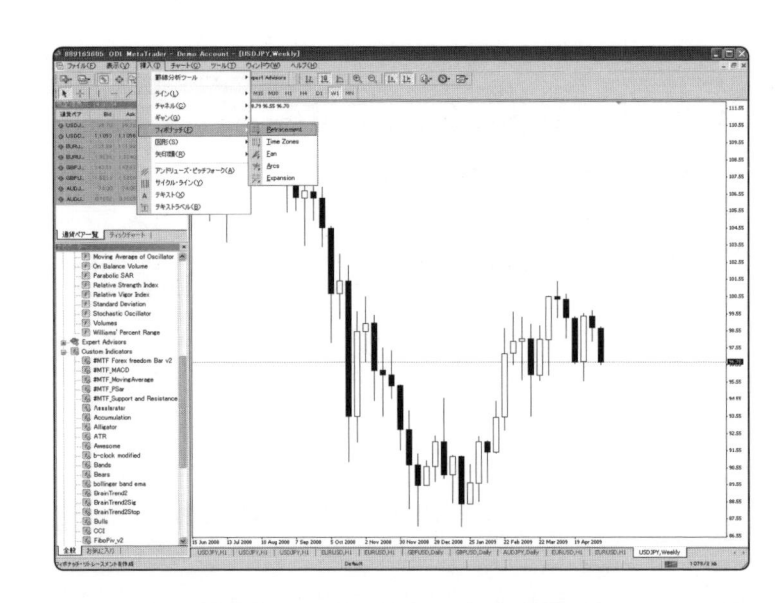

次に、A～Bを結ぶ点線の上で右クリックすると、メニューが開きますので、「Fiboのプロパティー」をクリックします。

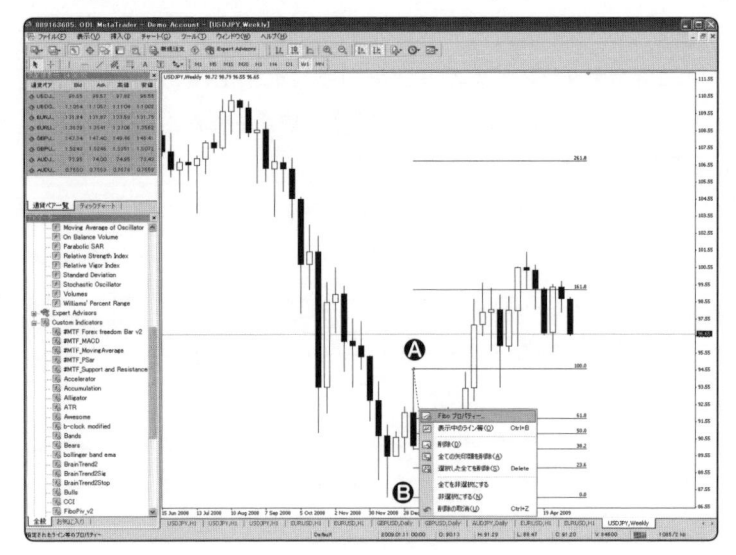

ポップアップが開きますので、「フィボナッチレベル」のタブを選択します。

```
Fibo
全般 | フィボナッチ・レベル | パラメーター | 表示選択
レベル設定    説明
  0.236     23.6 %$
  0.382     38.2 %$
  0.5       50.0
追加  Red
                              削除
                              デフォルト
                              スタイル:
                      OK      キャンセル
```

「レベル」と「説明」の項目を、この設定例と同じように半角英数字で入力します。なお、デフォルトのままだと、入力する欄が足りませんが、「削除」ボタンを押すことによって、欄が追加されます。文章だとわかりにくいのですが、実際にやってみると簡単です。

フィボナッチリトレイスメント 設定例	
レベル設定	説明
0	0 %$
0.236	23.6 %$
0.382	38.2 %$
0.5	50 %$
0.618	61.8 %$
0.786	78.6 %$
1	100 %$
1.272	127.2 %$
1.618	161.8 %$
2	200 %$
2.618	261.8 %$
4.236	423.6 %$

また、「説明」の項で、数字の後に「%$」と入力することによりフィボナッチレベルの横に価格が表示されるようになります。

すべての項目を入力したら、「OK」ボタンをクリックします。

次ページの画面のように表示されれば完了です。

PART 1

PART 2

PART 3

PART 4

PART 5

PART 6

PART 7

PART 8

PART 9

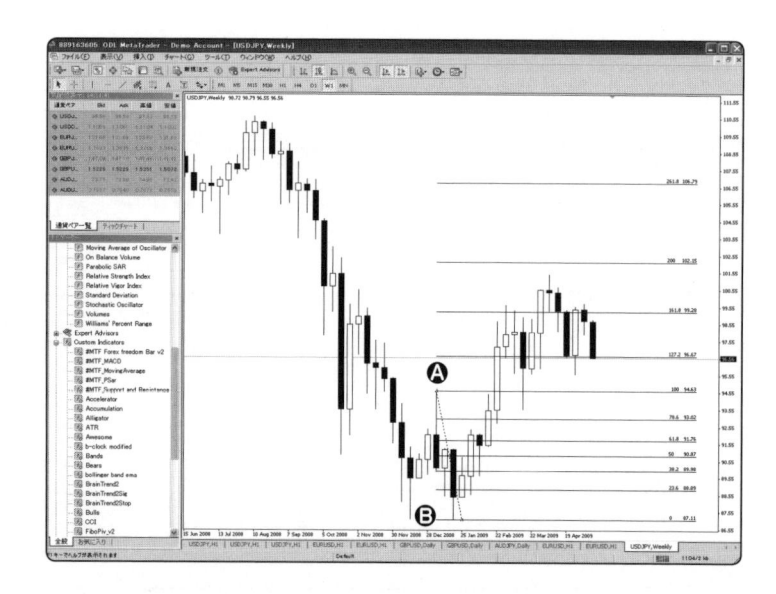

Lesson 4

しろふくろう流「Expansion」の設定法

　もうひとつのしろふくろう流フィボナッチツールのセッティングは、Expansionを「ディナポリ・ターゲット」として使う方法です。

　ディナポリ・ターゲットというのはジョー・ディナポリがフィボナッチ数値を使って、相場の押しや戻りのターゲットを推測するために編み出した手法で、どの時間軸でも使うことができるといった特徴があります。一目均衡表のN計算値の算出方法と通じるもので、とても合理的なのでしろふくろうも大活用しているというわけです。

　ディナポリ・ターゲットではExpansionの値を次のように表現しています。

- 0.618→COP（Contracted Objective Point）
- 1.000→OP（Objective Point）
- 1.618→XOP（Expanded Objective Point）

　このディナポリ・ターゲットの各ポイントを図で表すと次のような関係になります。

●ディナポリ・ターゲット

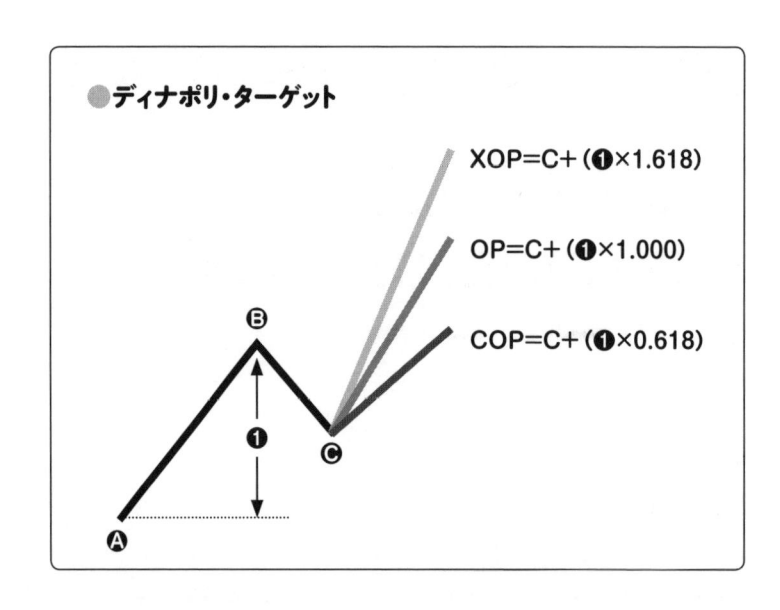

XOP=C+(❶×1.618)

OP=C+(❶×1.000)

COP=C+(❶×0.618)

　つまり、A～Bの上昇、B～Cの押しを経て、次の上昇局面に入るに当たって、A～Bの上昇と同じ強さの上昇ターゲットとして「OP」、より強い上昇ターゲットとして「XOP」、より弱い上昇ターゲットとして「COP」を表示していることになります。

　では、実際にメタトレーダーでExpansionの設定を行なってみましょう。

　まずは、チャート上のA、B、Cの3点を使って、Expansionを引きます。

　メニューの「挿入」→「フィボナッチ」→「Expansion」の順にマウスでカーソルを動かします。

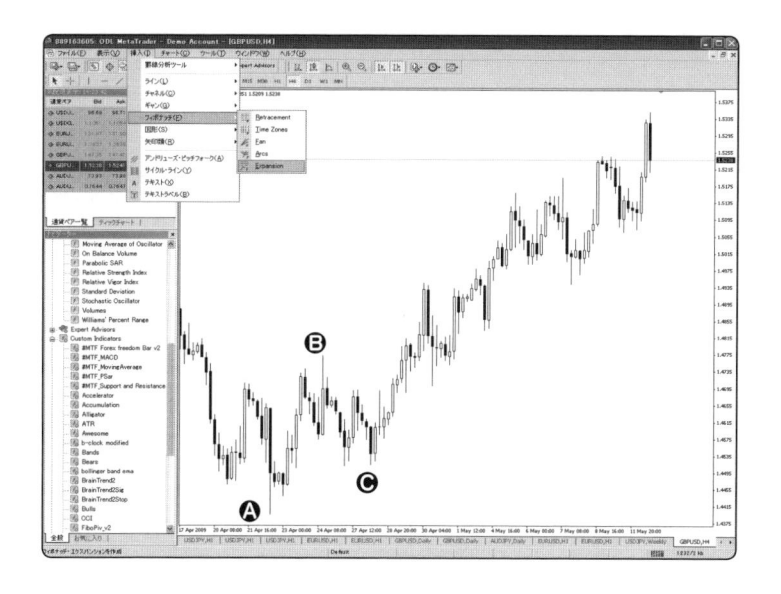

チャート上に、FE 61.8、FE 100.0、FE161.8の3本の線が引けました。

RetracementのときとÂ同様に、A～Bを結ぶ点線の上で右

クリックします。

　ポップアップが開きますので、「フィボナッチレベル」のタブを選択します。

　「レベル」と「説明」の項目を図の設定例と同じように半角英数字で入力します。なお、デフォルトのままだと、入力する欄が足りませんが、「削

フィボナッチリトレイスメント 設定例	
レベル設定	説明
0	
0.618	COP %$
1	OP %$
1.618	XOP %$
2.618	×2.618 %$
4.618	×4.618 %$

除」ボタンを押すことによって、欄が追加されます。

　また、「説明」の項で、数字の後に「%$」と入力することによりフィボナッチレベルの横に価格が表示されるようになります。

　設定例では、ディナポリ・ターゲットと表示を合わせるために、61.8を「COP」、1.0を「OP」、161.8を「XOP」と表示しています。

　また、相場がエクステンション（拡張）した場合のターゲットとして、「2.618倍値」と「4.618倍値」のフィボナッチ数値を追加しています。

　エクステンション（拡張）というのは、相場がターゲットを超えてさらに上昇（下降）する動きを見せることで、この場合に備えて2.618倍、あるいは4.618倍という数値を用いて、相場がさらに大きく動いたときのターゲットを示しておくのです。

　すべてを入力したら「OK」ボタンをクリックします。

　次ページの画面のように表示されていれば完了です。

●ワンポイント・アドバイス
フィボナッチを正確に引く方法

フィボナッチを使うときは正確な数字にこだわる人もいると思います。そんなときは、フィボナッチツールをチャートに当てはめて、右クリックしFiboのプロパティーを開きます。パラメータのタブを開くと価格を入れる場所がありますので、そちらで入力してください。

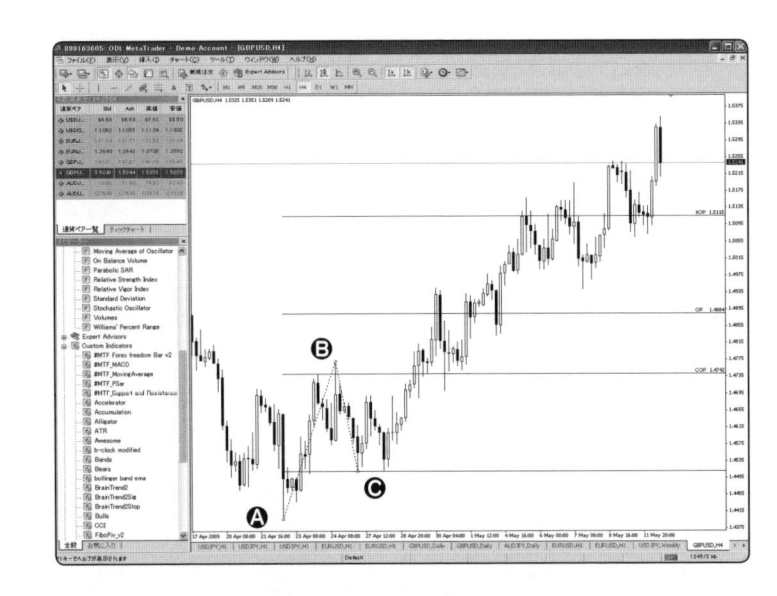

次項ではここでセッティングしたRetracementとExpansionを用いたトレードの具体的な方法について解説します。

Lesson 5

フィボナッチRetracementを押し、戻りの目安にする

しろふくろう流のフィボナッチRetracementの設定では、図のようなレベルを用いています。

これを、押し、戻りの目安として使うときには、0.236、0.382、0.5、0.618、0.786の比率を使用します。

一般的には0.382、0.5、0.618が多く使われますが、しろふくろうは「0.786」も深い押し目、強い戻りの値として注目しています。

たとえば、0.618の押し目で買いの指値を入れて、0.786でストップを置くなどの使い方をするわけです。

では実際に、フィボナッチRetracementを使った押し目、戻りの観測方法を説明してみます。

チャートはドルスイスの4時間足チャートですが、きれいなダウントレンドが確認できます。

ここでA〜Bにフィボナッチ Retracementを当てはめてみると、A〜Bの61.8%戻し（0.618）のところでXの戻り高

フィボナッチリトレースメント 設定例

レベル設定	説明
0	0 %$
0.236	23.6 %$
0.382	38.2 %$
0.5	50 %$
0.618	61.8 %$
0.786	78.6 %$
1	100 %$
1.272	127.2 %$
1.618	161.8 %$
2	200 %$
2.618	261.8 %$
4.236	423.6 %$

値が止まっています。

次にC〜Dにフィボナッチ Retracement を当てはめてみると、C〜Dの61.8%戻し（0.618）のところでYの戻り高値が止まっています。

最後にA～Dにフィボナッチ Retracement を当てはめてみると、A～Dの38.2％戻し（0.382）のところでYの戻り高値が止まっています。

[チャート図：USDCHF H4。A、B、C、D、X（61.8% of A-B）、Y（38.2% of A-D、61.8% of C-D）のポイントを示すフィボナッチ・リトレースメント]

- メタトレーダーはFXで勝つための「最良の道具」だ
- 早速メタトレーダーを使ってみよう！
- チャートの基本操作を覚えよう
- インディケーターを大活用してテクニカル分析が自由自在！
- カスタム・インディケーターで一味違った分析に挑戦！
- テクニカル分析を工夫して最強の武器に！
- 「マルチタイムフレーム」を使えばトレンドがわかる！
- しろふくろう流・必勝のトレードシステムはコレだ
- **フィボナッチを活用してさらにトレードの精度を高めよう**

このようなチャートの動きを波動（はどう）といいます。相場というのは、下落局面にあったとしても、一直線で目標値まで落ちていくのではなく、途中何度か戻りを試しながら下落していきます。上昇局面ではその逆です。

そうした戻りや押し目の目安として、フィボナッチRetracementの値で不思議と止まることが多くあるというわけです。

したがって、フィボナッチRetracementを上昇相場での押し目待ち、下降相場での戻り売りの場面の目安として活用すると、格段にエントリーポイントの精度が上がることと思います。

なお、最後のチャートでは、38.2と61.8のあいだでもみ

合いとなり、その後、下へと抜けています。つまり、38.2ラインがレジスタンスとなっているわけですが、各フィボナッチRetracementの値は、不思議とサポートやレジスタンスとしてもワークすることがあります。

　下げ続けた相場や、上げ続けた相場が一服したときは、高値から安値、安値から高値へとフィボナッチRetracementを引くことにより、相場がもみ合った場所を特定することができますので、これをサポートやレジスタンスの目安として活用するとよいでしょう。

Lesson 6
フィボナッチRetracement を目標値として使う

フィボナッチRetracementのもうひとつの使い方は、フィボナッチレシオの1.272、1.618、2.0、2.618、4.236を使い、目標値（ターゲット）を求める方法です。

まずはダブルボトムの目標値を求めてみましょう。

チャートはドル円の週足チャートですが、Bの高値をネックラインとするWボトムのチャートパターンが完成しています。

フィボナッチリトレイスメント 設定例	
レベル設定	説明
0	0 %$
0.236	23.6 %$
0.382	38.2 %$
0.5	50 %$
0.618	61.8 %$
0.786	78.6 %$
1	100 %$
1.272	127.2 %$
1.618	161.8 %$
2	200 %$
2.618	261.8 %$
4.236	423.6 %$

●ワンポイント・アドバイス
78.6%は押し、戻しの限界点
しろふくろうは数年前まで、押し、戻りの目安として61.8%を使っていましたが、最近は78.6%を深い押し、戻りの限界点として意識しています。経験則としては、ここを超えると全値戻しが視野に入ってくるように考えています。

このとき、AからBにフィボナッチRetracementを引くと、チャート上には、127.2、161.8、200、261.8（％）の線が引かれました。

Ｗボトムが完成したあとの目標値は、B＋（B－A）で求められますので、A～Bの200％となります。
　もちろんこの手前の、127.2％、161.8％の値もチャートの節目となり、レジスタンスになるところですので、一旦の利食いポイントとして使うことができます。

　次は、フィボナッチRetracementをトレンドフォローのターゲットとして使う方法です。

　チャートはユーロ円の日足チャートですが、「↓」の時点でBの安値を割って、下方にブレークしました。
　このとき、BからAに向かってRetracementを引きます。

その後の動きをみると、Bを下方ブレイクした後、200%ラインのターゲットを一気に付けた後に、反転しました。
　その後、127.2%ラインがレジスタンスとなり、再度200%ラインを下抜けて、261.8%まで下落しています。

　その後さらに相場は反転し、161.8%ラインで一旦止まりましたが、再度161.8%ラインを上抜け、本格的な上昇トレンドに入っていきました。
　このようにフィボナッチRetracementで引かれた価格水準が何らかの相場の節目になるケースが多いということを念頭においておくと、急変する相場においてもあわてずに対応することができるというわけです。

Lesson 7

フィボナッチExpansionを ディナポリ・ターゲットで使う

ディナポリ・ターゲットについては先ほど書きましたが、0.618、1.000、1.618が大切な数字でした。

ディナポリ・ターゲットでは、これらを次のように表現しています。

- 0.618→COP (Contracted Objective Point)
- 1.000→OP (Objective Point)
- 1.618→XOP (Expanded Objective Point)

これを図で表してみるとこのような関係になります。

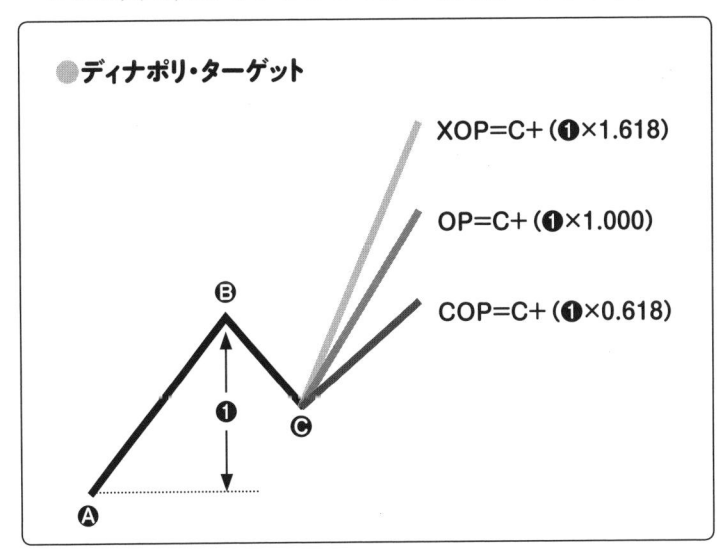

●ディナポリ・ターゲット

XOP=C+(❶×1.618)
OP=C+(❶×1.000)
COP=C+(❶×0.618)

まずはCOPの使い方からです。

チャート上に、A〜B〜CのフィボナッチExpansionをプロットしてみました。

今回はXの部分で、COPターゲットを付けていることがわかります。

COPはトレンド発生時のターゲットというより、修正波などの小幅なターゲットの際に多く出現します。

次はOPです。

こちらは週足での大きなトレンドに、A、B、CのフィボナッチExpansionを当てはめてみました。

カナダ円の週足チャートは、ディナポリ・ターゲットのOPを達成後、長い上髭を残して急反落しました。

フィボナッチ比率の優れたところは、小さな分足チャートから、大きな週足チャートまで、どんな時間軸でも同様に測定ができるところです。

続いてXOPです。

こちらはポンドドルの日足チャートにA、B、CのフィボナッチExpansionを当てはめたものですが、Bの高値付近にOPターゲットがあり、一旦この手前でもみ合ったあと、ブレイクしてXOPターゲットを達成しています。

最後にOP、COP、XOPをまとめて見てみましょう。

チャートはポンドドルのダウントレンドにフィボナッチExpansionを当てはめたものです。

チャートを見ると、COP、OPのポイントが、サポートとレジスタンスとしてワークしていることが確認できると思います。

トレード戦略としては、Bのブレイクでショートエントリー、そしてOPブレイクで売り増し、XOPで利食いできれば理想的な形だといえます。

メタトレーダーは
FXで勝つための
「最良の道具」だ

早速
メタトレーダーを
使ってみよう！

チャートの
基本操作を
覚えよう

インディケーターを
大活用して
テクニカル分析が
自由自在！

カスタム・
インディケーターで
一味違った分析に
挑戦！

テクニカル分析を
工夫して
最強の武器に！

「マルチタイム
フレーム」を
使えば
トレンドがわかる！

しろふくろう流・
必勝のトレード
システムはコレだ

フィボナッチを活用
してさらにトレードの
精度を高めよう

●ワンポイント・アドバイス
平行線を引いてみよう！

メタトレーダーでトレンドラインと平行の線を引く方法です。トレンドラインをダブルクリックして選択します（トレンドラインに□のマークがついて選択されたことが示されます）。そのまま「Ctrl」ボタンを押しながらドラッグすると、平行線ができあがります。

Lesson 8

実戦でフィボナッチを大活用してみよう

　フィボナッチを使いこなすと、トレードにあたって相場を観察する視界が、かなりよくなることが理解できたと思います。

　最後は、フィボナッチRetracementとExpansionを、実際のトレードでどのように活用していくかということを総合的に解説します。

　チャートはユーロドルの4時間足チャートです。

　きれいに上昇トレンドが出ていますが、このチャートを使って実際にフィボナッチツールをどのように使いこなすかを確認してみましょう。

　チャート上のA〜Bに、まずはRetracementを当てはめます。

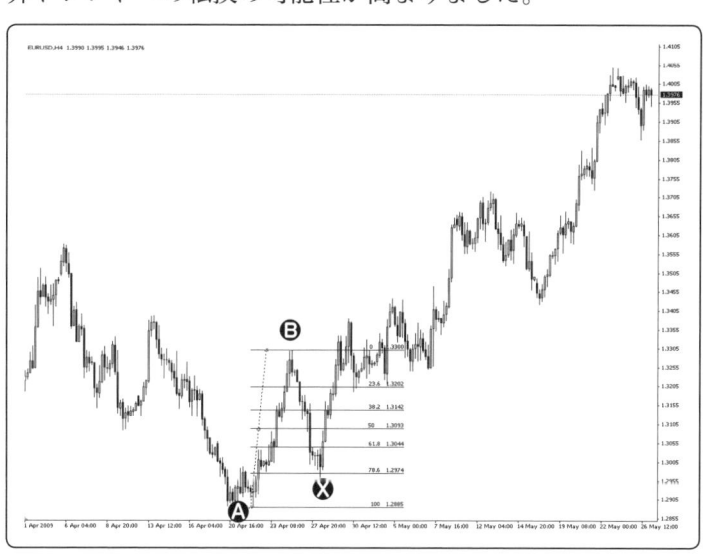

A～Bの78.6％＝Xで反転した後、Bを上抜けたので、上昇トレンドへの転換の可能性が高まりました。

フィボナッチを活用してさらにトレードの精度を高めよう

プライスが、Bの高値を超えたのを確認した後、A〜B〜Xの3点を使って、フィボナッチExpansionを当てはめます。

チャート上で、OPのライン、XOPのライン、そしてエクスパンションした2.618倍値（261.8％）がターゲットとして上手く機能していることが確認できます。実際のトレードでは押し目や戻りもあり、最後までトレンドを取るには技術が必要ですが、OP、XOPのディナポリ・ターゲットがかなり正確にワークしていますね。

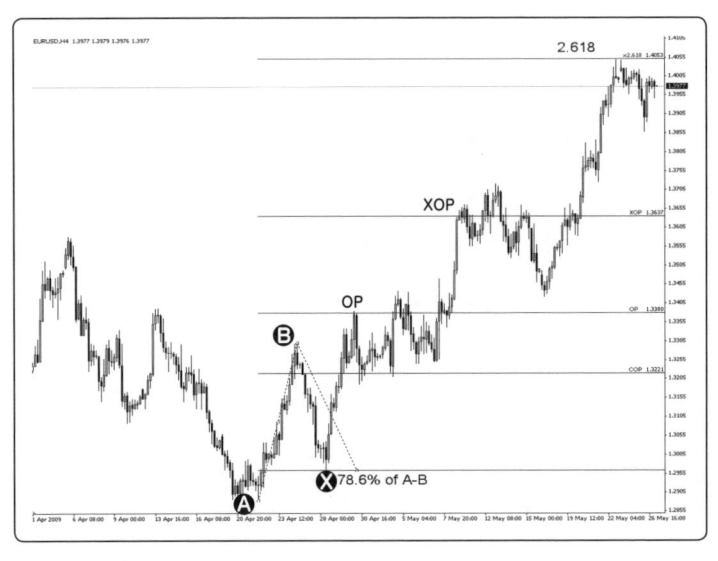

もうひとつ、フィボナッチRetracementを使ったターゲットを確認してみましょう。

チャート上には、B〜AにフィボナッチRetracementを引いています。

こちらも、200％のラインがきれいに目標値として機能しているのが確認できます。

ExpansionよりもA〜Bの2点のみで目標値を確認できるRetracementを使ったほうが、トレンドの最初の段階ではわかりやすいかもしれません。

　可能ならRetracementとExpansionの両方を当てはめてみて、「2つのラインが重なるところは重要なサポートやレジスタンスとなる」というようにとらえるほうが、より確実性が増すといえるでしょう。

　最後に、トレンドフォローでの押し目の確認方法について解説します。先ほどのRetracementの200％＝Yを付けて反落したチャートの押し目を見つけるために、X〜YにRetracementを当てはめてみました。

　チャート上のZのポイントがX〜Yの38.2％レベルとなっています。

このように、チャート上のフィボナッチレベルを確認することにより、エントリーやリミット、そしてストップロスの位置をより正確に予測することが可能となります。

**クイックガイド❶ しろふくろうの
サイトについて**

メタトレーダーやテクニカル分析について、下記の2つのサイトで情報を発信しています。

日々の相場分析に加えて、今回の本には書ききれなかった他のテクニカル分析の方法や、メタトレーダーを扱っているFX会社の各種キャンペーン、トラブルシューティングなどについて、随時新しい情報をフォローしていますので、よろしかったらアクセスしてみてください。

●しろふくろうの
　メタトレーダーで
　FXシステムトレード
　http://sirofukurou.cocolog-nifty.com/mt4/

●しろふくろう
　FXテクニカル分析研究所
　http://sirofukurou.cocolog-nifty.com/blog/

また、本文で触れたように、今回の本で使用しているカスタム・インディケーターとテンプレートについても、上記のサイトからダウンロードすることができます。

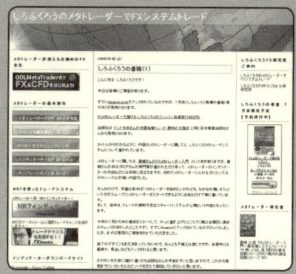

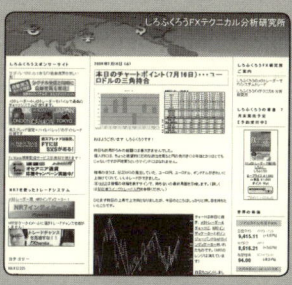

http://sirofukurou.cocolog-nifty.com/FX_book/

サイトにはパスワードがかけられていますので、

ID：mt4_fun
PWD：zx1bq1

を入力してログインしてください。

クイックガイド❷ デモ口座の期限について

　メタトレーダーは、「デモ口座」で無料で使うことができます。

　しかし、FX業者の提供するデモ口座は30日～90日で使用期限が設定されています。

　デモ口座の使用期限を過ぎると回線が遮断され「右下のステータスバー」に「無効な口座」と表示され、チャートが動かなくなってしまいます。

　このようなときは再度「デモ口座」の申請を行なうことによって再使用することができます。

　再度、デモ口座の申請を行なっても、チャートにインストールしたインディケーターやテンプレートなどはそのままの状態で使えますので、誤って再インストールしないようにしてください。

　デモ口座の申請方法は、メタトレーダーをインストールした際と同じで（39ページ参照）、「ファイル」→「デモ口座の申請」とクリックします。

　表示されるポップアップには、最初に入力した情報が自動で入力されていますので変更する必要はありません。

　下にある「□貴社からのニュースレター受取りに同意します。」にチェックを入れて「次

へ」をクリックします。

「Scan」ボタンをクリックし、緑色のバーが右端まで進むと「次へ」ボタンをクリックできるようになります。

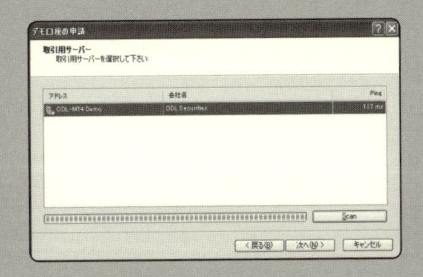

「デモ口座の申請」画面に変わり、緑色のバーが右端まで進むと「完了」ボタンをクリックできるようになりますので、「完了」ボタンをクリックしてください。

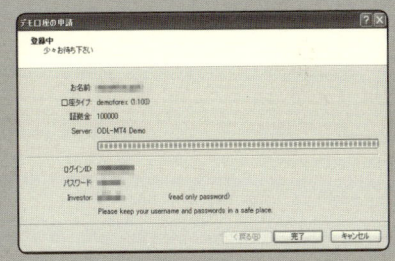

先ほどのステータスバーの部分に数字が表示されていればデモ口座の再申請は完了です！

　期限が来て、再度「無効な口座」となった場合にはこの作業を繰り返せば何度でもデモ口座にてメタトレーダーを使用することができます。ただ、メタトレーダーのチャートに慣れると、実際のトレードもメタトレーダーを利用してそのまま行なうほうが当然便利になります。
　また、デモ口座と違ってライブ口座には期限がありませんので、ふと気づくとデモ口座の期限が切れていてチャートが動いていないということもありません（しろふくろうも何度か失敗しました！）。
　そんなわけで、メタトレーダーのチャートをこれからも活用していこうと思われる方は、ライブ口座の開設をおススメします。
　国内では、本書で取り上げたODL JAPANをはじめ3社でライブ口座を開設することができますし、海外の業者も多くのところはオンラインで口座開設が可能です。英語のサイトなので少しむずかしく感じるかもしれませんが、しろふくろうのメタトレーダーブログ（http://sirofukurou.cocolog-nifty.com/mt4/2008/09/fxdd-0a96.html）で海外のライブ口座開設の方法を紹介しています。

クイックガイド❸ マルチタイムフレームの基本設定

パラメータの基本設定についてまとめてみました。
　#MTF_Moving Averageインディケーターの設定画面を例に説明します。

```
Custom Indicator - #MTF_MovingAverage          ? X
 全般  パラメーターの入力  色の設定  表示選択
   Variable              Value
   TimeFrame             240
   Currency
   MAPeriod              20
   ma_shift              0
   ma_method             1
   applied_price         0
                     OK    キャンセル    Reset
```

「Time Frame」というのは時間軸のことで、分単位で入力します。

●1分＝1
●5分＝5
●15分＝15
●30分＝30
●1時間＝60
●4時間＝240
●1日＝1440
●1週間＝10080
●月間＝43200

と入力することにより9つの期間が設定できます。

　「MA Period」というのは移動平均線の期間設定のことです。20期間なら20、50期間なら50と入力します。

　「ma shift」に数値を入力すると、入力した期間分移動平均線を前後にずらすことができます。

　「ma method」というのは移動平均線の線種のことです。

● Simple（SMA）………単純移動平均線＝0
● Exponential(EMA)………指数平滑移動平均線＝1
● Smoothed(SMMA)………平滑移動平均線＝2
● Linear Weighted（WMA）………線形加重移動平均線＝3

の各数字を入力することにより各線種に変更できます。

「applied price」では移動平均を引く際にどの価格を適用するかを設定することができます。適用価格は7種類あります。

● Close（終値）＝0
● Open（始値）＝1
● High（高値）＝2
● Low（安値）＝3
● Median Price（HL/2）＝4
● Typical Price（HLC/3）＝5
● Weighted Close（HLCC/4）＝6

上記の時間を設定する数値、適用価格などの情報はメタトレーダー上では、どのインディケーターでも共通のものですので、パラメータの設定で同様の項目がある場合はこの数値を参照してください。

クイックガイド❹ インディケーターファイルの設置場所

拡張子が「mq4」または「ex4」のインディケーターファイルの設置場所です。

メタトレーダーを再起動しても、ナビゲータウインドウの中の「custom indicators」にインストールしたインディケーター名が見つからないときは、ほとんどの場合インストールしたフォルダの間違いによるものですので再確認してください。

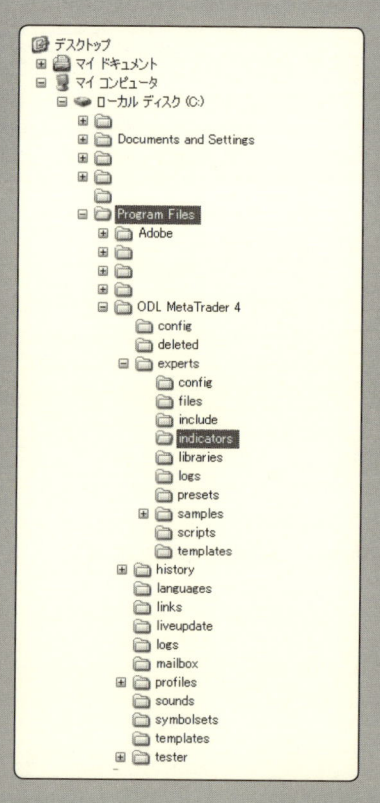

また、インディケーターフォルダには頻繁にアクセスしますので、デスクトップ上に「indicators」へのショートカットをつくっておくと便利です。

ショートカットの作成方法は、「indicators」ファイルを右クリックして、そのままデスクトップ上にドラッグします。

クリックしていた右ボタンを離すと、ポップアップが開きますので「ショートカットをここに作成」を選択するとデスクトップにインディケーターフォルダへのショートカットが作成されます。

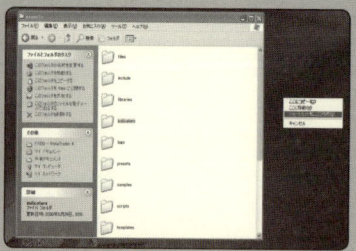

クイックガイド❺ テンプレートファイルの設置場所

　拡張子が「tpl」のテンプレートファイルの設置場所です。

　「experts」の下の階層にもtemplatesというフォルダーがありますので、間違えてそちらに入れないようにご注意下さい。

　また、よくテンプレートを差し替えたりする方は、デスクトップ上に「templates」のショートカットをつくっておくと便利です。

　ショートカットの作成方法は、「templates」ファイルを右クリックして、そのままデスクトップ上にドラッグします。

　クリックしていた右ボタンを離すと、ポップアップが開きますので「ショートカットをここに作成」を選択するとデスクトップにテンプレートフォルダーへのショートカットが作成されます。

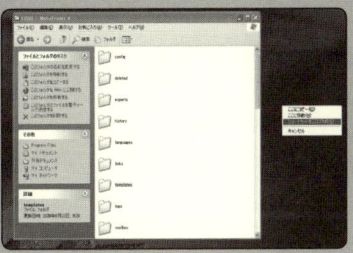

しろふくろう
1964年生まれ。某外資系企業にて16年ほど勤務した後、一念発起して起業。FXには起業と同時に着目し、個人投資家という立場ながらビジネスとしてトレードに取り組んでいる。ファンダメンタルズを極力排除し、テクニカル分析の見地からデイ〜スイングトレードのスパンでの取引を得意とする。自らの実体験をベースに運営している「しろふくろうのFXでシステムトレード」(http://sirofukurou.cocolog-nifty.com/mt4/)と、「しろふくろうのFXテクニカル分析研究所」(http://sirofukurou.cocolog-nifty.com/blog/)は、メタトレーダーの活用法に関してナンバーワンのサイトとなっている。

FX メタトレーダーで儲ける
しろふくろうのスーパー投資術

2009年8月1日 初版発行

著 者　しろふくろう ©sirofukurou 2009
発行者　杉本淳一

発行所　株式会社日本実業出版社　東京都文京区本郷3-2-12 〒113-0033
　　　　　　　　　　　　　　　　大阪市北区西天満6-8-1 〒530-0047
　　　　編集部　03-3814-5651
　　　　営業部　03-3814-5161　振 替　00170-1-25349
　　　　　　　　　　　　　　　　http://www.njg.co.jp/

印刷／壮光舎　　　製本／共栄社

この本の内容についてのお問合せは、書面かFAX（03-3818-2723）にてお願い致します。
落丁・乱丁本は、送料小社負担にて、お取り替え致します。

ISBN 978-4-534-04593-5　Printed in JAPAN

下記の価格は消費税(5%)を含む金額です。

日本実業出版社の本　投資関連書籍　好評既刊！

外国為替トレード 勝利の方程式
今井雅人＝著
定価1890円（税込）

FXシステムトレード 年率200%儲ける投資術
池田 悟＝著
定価1680円（税込）

田平雅哉のFXスイングトレードテクニック
田平雅哉＝著
定価1680円（税込）

FX＆日経225先物 システムトレード 勝利の方程式
今井雅人・システムトレード研究チーム＝著
定価2940円（税込）

定価変更の場合はご了承ください。